Heinz Falkenberg, Gottfried Holzmüller

Um den Schweriner Außensee -

Geschichten, Sagen und Wanderungen

AF637990

Impressum

Heinz Falkenberg, Gottfried Holzmüller

Um den Schweriner Außensee - Geschichten, Sagen und Wanderungen

ISBN 978-3-96521-009-7 (Buch)
ISBN 978-3-96521-010-3 (E-Book)

Titelbild, Satz und Gestaltung:
MEDIENAGENTUR - Franta, www.medienagentur-franta.de

Druck: CUSTOM PRINTING, Wał Miedzeszyński 217, 04-987 Warszawa, Polen,
www.cp-buchdruck.de

Alle Rechte vorbehalten. Jede Art der Vervielfältigung,
auch auszugsweise, gesetzlich verboten. Printed in Poland.

Bei Fragen zur Produktsicherheit wenden Sie sich an
ralfjordan@geschichtlicher-buechertisch.de

© 2026 EDITION digital®
Imprint des Geschichtlichen Büchertisches
Ralf G. Jordan
Bischof-Wedekin-Str. 14
31162 Bad Salzdetfurth
Tel.: 05064-9609641
E-Mail: ralfjordan@geschichtlicher-buechertisch.de
Internet: www.geschichtlicher-buechertisch.de

EDITION digital

Frau **Gisela Völter**, langjährige Übersetzerin und Ratgeberin,
zum 90. Geburtstag.

Für Matthias und Michel

Vorwort

Schon wieder ein Wanderbuch wird mancher sagen. Ja und Nein. Es ist aber nicht schlechthin ein Wanderbuch, sondern gleichzeitig ein Geschichtsbuch, ein Naturkundebuch und ein Sagenbuch über eine der schönsten Regionen unseres mecklenburgischen Landes, über den Schweriner Außensee. Der geneigte Wanderer wird seine Kenntnisse erweitern und gleichzeitig seiner Fantasie freien Lauf lassen können. Er wird Neues entdecken und Altes bestätigt finden.

Die Beiträge in diesem Buch enthalten Vorschläge für Wanderungen und Fahrten um den Schweriner Außensee. Dabei werden die besuchten Orte, ihre Geschichte, Sehenswürdigkeiten, Sagen und touristischen Möglichkeiten beschrieben. Im Anschluss wird für die weither anreisenden Besucher die geografische und frühhistorische Entwicklung der Region um den Schweriner See wiedergegeben.

Beschaut man sich auf dem Titelblatt die Umrisse des Schweriner Außensees an, so könnte man mit einiger Fantasie von den Umrissen her ein großes Wesen, also einen Riesen erkennen: Der gesenkte Kopf im nördlichen Bereich, der massige Mittelteil und die Füße, die den Eindruck machen, als strebten sie vorwärts. Trotzdem erweckt das Wesen beim Betrachten nichts Unfreundliches, eher macht es den Eindruck eines großen gemütlichen Bären. Um Kindern diesen großen See nahe zu bringen, könnte man die Figur durchaus als „Schwerinibär" bezeichnen.

Information: Für Leser, die gerne in alten Geschichten kramen, haben die Autoren, selbst Mitglieder im Kulturverein Sagenland Mecklenburg-Vorpommern e. V., versucht, auf die in den jeweiligen besuchten Ortschaften gefundenen Sagen aufmerksam zu machen. An den Orten, wo Sagen gefunden wurden, hat der Verein Tafeln mit erläuternden Texten aufgestellt, welche die jeweiligen Sagengeschichten wiedergeben. Und um die Besucher auf diese Tafeln hinzuweisen, steht daneben in den meisten Fällen ein mehr oder weniger großer Feldstein mit dem Petermännchen als Symbol des Vereins. In diesem vorliegenden Buch wird deshalb neben den Sagen und Geschichten unter der Rubrik „Touristische Informationen" jeweils auf diese Sagensteine und ihre Geschichten hingewiesen.

Hohen Viecheln: Aufstellung eines Sagensteines mit Bürgermeister Glöde und dem Petermännchen in Hohen Viecheln, auf dem Stein das Petermännchevn als Symbol des Kulturvereins Sagenland Mecklenburg-Vorpommern e. V.

(Foto: Bullerjan)

Der Schweriner See

Zur allgemeinen Information sollen vorerst einige Angaben über den Schweriner See mitgeteilt werden:

Der lang gestreckte Schweriner See beeindruckt durch seine Größe und Lage. Immerhin zählt er mit einer Fläche von 63,4 Quadratkilometern, einer Gesamtlänge von 21 Kilometern, einer maximalen Breite von sechs Kilometern und einer Tiefe von bis zu 54 Metern zu den größten Seen Deutschlands. Der Wasserspiegel liegt 37,4 Meter über dem Meeresspiegel. Die letzte Eiszeit hat den See und seine Umgebung geprägt, ein Landschaftsbild, das geradezu zum Verweilen einlädt.

Durch seine lang gestreckte Nord-Süd-Lage galt er lange Zeit als Sperre für den Ost-West-Verkehr. Nur nordwärts im Bereich zwischen dem Nordende des Sees und der Ostsee waren früher derartige Durchgänge und Wege möglich. Im Mittel- und Südteil des Sees hinderten lange Zeit Sümpfe und dichte Wälder die Durchquerung und Nutzung des anliegenden Areals. Wer den See im Mittelteil durchqueren wollte, musste entweder einen mühsamen Umweg um den ganzen See machen oder sich mit einem Boot auf das andere Ufer bringen lassen. Erst 1842 veranlasste der Großherzog Paul Friedrich den Bau eines Dammes an seiner schmalsten Stelle, welcher nun beide Seeufer verbindet und damit eine sichere, kurze Verkehrsverbindung in östlicher Richtung schafft. Damit wurde auch der lang gestreckte See in den Außen- und Binnensee unterteilt. Seitdem trägt diese Verkehrsverbindung den Namen „Paulsdamm". Unsere Aufmerksamkeit soll sich bei der Darstellung des Schweriner Seebereiches in den folgenden Ausführungen nun ausschließlich auf den größeren Außensee konzentrieren.

Auf dem Schweriner Außensee (Foto: Falkenberg)

1 Hohen Viecheln

Wegbeschreibung: Wir wollen unsere Reise um den Schweriner Außensee im Ort Hohen Viecheln beginnen. Natürlich ist dieser kleine Wanderführer so angelegt, dass man von jedem der erwähnten Orte die Tour aufnehmen kann. In der Reihenfolge der Ortschaften und Flurstücke sollen von Hohen Viecheln aus die Objekte Döperegion, Flessenow, Retgendorf, Rampe, Paulsdamm mit Ramper Moor, Wickendorf, Seehof, Hundorf, Lübstorf, Wiligrad, Gallentin, Insel Lieps und Bad Kleinen betrachtet werden. Alle diese Namen findet man zur Orientierung auf der folgenden Karte verzeichnet.

Das Dorf Hohen Viecheln

Das Dorf Hohen Viecheln bildet sozusagen die Krone des Schweriner Außensees, denn der Ort liegt genau am nördlichen Scheitelpunkt des Sees. Neben dem Hauptort Hohen Viecheln gehören heute die weiter nördlich gelegenen Ortsteile Moltow, Hädchenshof (1816 aus der Feldmark gegründet) und Neu Viecheln (1846 gegründet) zum Gemeindeareal. Die Gesamtfläche des Dorfes umfasst 1 825 Hektar. Hier leben zurzeit etwa 680 Menschen. Die Landesstraße L 031 führt über die Fritz-Reuter-Straße durch den Ort. Eine imposante Kirche im gotischen Baustil fällt sofort ins Auge. Durch seine Lage am Schweriner See inmitten weiter Ackerflächen, Wälder und Landschafts- und Naturschutzgebiete ist das Dorf für Touristen und andere Erholungssuchende sehr interessant.

Bei dem Rundgang um den Schweriner Außensee beschriebene Orte

Der Badestrand in Hohen Viecheln am Schweriner See (Foto: Falkenberg)

Zur Geschichte des Ortes

Funde aus der mittleren Steinzeit haben Hohen Viecheln bekanntgemacht. Ebenso bestätigen Funde aus der jüngeren Steinzeit und der Eisenzeit, dass diese Region schon früh bewohnt wurde. Aus der germanischen und slawischen Besiedlung des Ortes sind keine Funde erhalten geblieben. Auf die slawische Besiedlung der Region weist der heutige Ortsname hin. Der Name „Vichele" bedeutet im ursprünglichen slawischen Sprachgebrauch etwa „Kleiner Ort abseits im Gebüsch, Gestrüpp". Den Zusatz „Hohen" zu Viecheln erhielt der Ort aber erst sehr viel später, um 1715.

Die erste urkundliche Erwähnung des Ortes als Vichele erfolgte im Jahr 1178: In einer Urkunde, die der damalige Bischof Berno ausstellen ließ, wurde der Pfarrer Simon (Symon) aus Vichele als Zeuge genannt. Somit bestand eine der ältesten Kirchengemeinden im Fürstentum Mecklenburg im jetzigen Hohen Viecheln. Mit der Einsetzung von Pribislav, einem Sohn Niklots, als erstem Fürsten im deutsch-sprachigen Mecklenburg, gehörte der Ort Vicheln zu seinem unmittelbaren Burgbezirk, dem Areal der Mecklenburg.

Spätere mecklenburgische Fürsten verliehen um 1240 Vicheln an ihren Vasallen Helmold von Plessen, welcher gleichzeitig Burghauptmann der Fürstenburg in Wismar wurde. Im Dorf bestand seit jeher als Familienbesitz ein Gutshof. Die Familie der Plessen ließ auch die imposante Kirche im Ort errichten. Annähernd 300 Jahre lang besaß die Adelsfamilie derer von Plessen das genannte Dorf.

Dann verkauften Nachkommen dieser Familie das Dorf 1507 an die Schweriner Herzöge Heinrich und Albrecht. Bis etwa 1840 blieb der Ort im herzoglichen Besitz, wobei der jeweilige Herzog bis 1918 auch Patron der Kirche im Dorf war. In dieser Zeit existierte hier ein domanialer Gutshof, der von einem Vogt verwaltet wurde.

Um das Jahr 1845 erhielt das Dorf Hohen Viecheln den Status einer selbstständigen Gemeinde und das herzogliche Gut wurde weitgehend in kleinere und mittlere Bauernstellen umgewandelt.

Zum Ende des 2. Weltkrieges trafen sich am 4. Mai 1945 bei Hohen Viecheln englische und sowjetische Armee-Einheiten und die letzten deutschen Wehrmachtseinheiten mussten hier am Ort kapitulieren. Nach der kurzen Besatzungszeit der Engländer gehörte Hohen Viecheln zur sowjetischen Besatzungszone. Durch die Bodenreform und die spätere Bildung einer LPG blieb Hohen Viecheln zu DDR-Zeiten weitgehend von der Landwirtschaft geprägt.

Sehenswürdigkeiten

Kirche: Mitten in Hohen Viecheln erhebt sich stattlich die dreischiffige Hallenkirche auf einer Anhöhe über dem Schweriner See. Besonders sehenswert im Ort ist sie dadurch, dass sie im hochgotischen Stil aus Backsteinen erbaut wurde. Im Gegensatz zu vielen Kirchen der umliegenden Dörfer besteht das zwischen den Jahren 1295 bis 1310 von der damaligen Plessenfamilie errichtete Gotteshaus nicht aus Feldsteinen und unterstreicht so die Bedeutung in der Region. Im Innern sind die Strebepfeiler, welche die Längsschiffe und Joche trennen, durch abwechselnd rot und grün glasierte Ziegel gekennzeichnet. Ihrer Größe und dem einheitlichen gotischen Baustil nach kann man die Viechelner Kirche im Lande Mecklenburg zu den architektonisch herausragenden Kirchenbauten zählen.

Die hochgotische Kirche in Hohen Viecheln (Foto Dunski)

An äußeren Mauerverzahnungen ist abzulesen, dass einst ein Turm geplant war, der aber nicht zur Ausführung kam. Von den sechs ursprünglich erhaltenen, alten Glocken hat sich nur die sogenannte Chorglocke, auch „Preesterklock" genannt, erhalten, die im Jahr 1567 gegossen wurde und damit über 400 Jahre alt ist. Als Besonderheit gilt heute auch eine alte Turmuhr, die nur einen Zeiger besitzt und von Fachleuten als älteste Turmuhr Mecklenburgs gewertet wird.

Neben weiteren Heiligenbildnissen sind die geschnitzten Skulpturen des Ritters Helmold von Plessen (um 1310) sowie einer Madonna (um 1325) in der Kirche besonders beachtenswert. Das Bildnis des Ritters Helmold wird sogar als das zweitälteste profane Schnitzwerk im Mecklenburger Raum angesehen. An der südlichen Seitenwand steht ein Renaissancealtar mit einem imposanten Schnitzwerk, der um 1620 gefertigt wurde.

Die heutigen Einrichtungen mit Altar, Kanzel, Empore und Gestühl entstammen neueren neogotischen Umbaumaßnahmen aus den Jahren 1869/72. Ebenso ist die von Friedrich Wilhelm Winzer gefertigte Orgel in dieser Zeit aufgestellt worden. Eine Broschüre beschreibt ausführlich die Geschichte und Ausstattung der Kirche. Ein Ehrenmal vor der Kirche erinnert an die Gefallenen des 1. und 2. Weltkrieges.

Fischerei Prignitz: Fischerweg 4, Gebäude der Fischerei Prignitz am Schweriner See. Die Familie Prignitz hat seit über 300 Jahren die Fischereirechte in Hohen Viecheln inne. Vor etwa 300 Jahren rettete der Fischer Cordt Prignitz dem damaligen Herzog das Leben und erhielt dafür die Fischereirechte. Ein Sagenstein auf dem Fischereigelände berichtet über diese schöne Familiensage. Die Fischereibereiche der Familie am Schweriner See umfassen das ganze Nordende des Sees und reichen bis zum südlichen Ende der Insel Lieps, auch der kleinere Döpesee und der Wallensteingraben gehören zu deren Fanggebieten.

Die Fischerei Prignitz am Schweriner See (Foto: Bullerjan)

Einweihung des Sagensteins bei der Fischerei Prignitz, mit dem Fischer Tobias Prignitz und dem Autor Dr. Heinz Falkenberg (Foto: Falkenberg)

Geschichten und Sagen

Seit jeher erzählen die Einwohner von Hohen Viecheln von geheimnisvollen Geschichten und Sagen, die ihren Ursprung im Dorf und der näheren Umgebung haben. So beziehen sich eine Reihe von Sagen auf den Ritter Helmold von Plessen, dessen Skulptur von 1310 in der Kirche zu sehen ist. Ihm werden verschiedene Handlungen nachgesagt, so wie diese, dass er einst bei einem Kreuzzug in das Heilige Land gefangen genommen wurde und daraufhin schwor, sieben Kirchen zu errichten, wenn er wieder freikäme. Nach seiner Freilassung soll Helmold dann sein Gelübde erfüllt haben und hat so die Kirchen in Hohen Viecheln, Brüel, Bibow, Müsselmow, Holzendorf, Sülten und Jesendorf erbauen lassen. Ebenso heißt es in einer anderen alten Erzählung, dass der Ritter in den Krieg ins Heilige Land zog, als der Turm der Kirche in Hohen Viecheln noch nicht erbaut war. Da habe er das Geld für den Turm in einem der Kirchenpfeiler versteckt. Da er aber nicht wieder nach Hause kam, weiß heute niemand mehr, in welchem Pfeiler der Viecheler Kirche das Geld zu finden ist. Doch trotz intensiver Suche konnte das Geld in den Pfeilern bis heute nicht gefunden werden.

Touristische Informationen für Hohen Viecheln

Segelverein Hohen Viecheln: Uferweg: Wasserwanderrastplatz, Kanuanlegestelle, Gastplätze ...

Fischereihof Prignitz: Hohen Viecheln, Fischerweg 4: Fischimbiss, Übernachtung, Ruder- und Motorboot-Ausleihe, Angelkarten.

Die Sage um den „Ritter Helmold von Plessen und den Bau von sieben Kirchen“, ist auf dem Parkplatz neben der alten Schule zu finden.

Die Sagentafel **„Der Fischer Cordt Prignitz rettet den Herzog Carl Leopold"** *befindet sich vor der Fischerei Prignitz.*

Der **„Niklotpfad"** verbindet wichtige Wanderpunkte und ist ebenso wie der Wanderweg **„Blaue Acht"** durch Hinweistafeln gekennzeichnet.

Hinweisschild zum Niklotpfad (Foto: Falkenberg)

2 Die Döperegion, Gemeinde Hohen Viecheln

Wegbeschreibung

Von Hohen Viecheln aus wandern wir nach der Besichtigung von Fischerei und Kirche nach rechts zur Ventschower Chaussee, wo unmittelbar wiederum rechts der sogenannte Döpeweg in die Niederung zur Döperegion und nach Flessenow führt. Der abschüssige Landweg führt über die Bahngleise, mit gutem Ausblick auf den nördlichen Seeteil, in das Niederungsgebiet der Döpe.

Das Wiesengelände der Döpe

Der sogenannte Döpeweg führt vom Dorf aus in das tiefer gelegene Niederungsgebiet der Döpe mit ausgedehnten Wiesen- und Strauchbereichen. Wo sich vom Norden her die Wälle der Hauptendmoräne herabsenken, die heute durch die Bahnlinie nicht mehr so gut erkennbar sind, stellt der Niederungsbereich zusammen mit dem Döpesee ein besonderes, ausgedehntes Wiesengebiet dar. Zwischen dem großen Schweriner Außensee und dem kleineren Döpesee gelegen, ist das Areal seit 1941 ein Naturschutzgebiet für eine Vielzahl seltener Tiere und Pflanzen. Großformatige Schautafeln entlang des Döpeweges machen auf die Vielfalt von Flora und Fauna in dieser romantischen und geheimnisvollen Region aufmerksam. Zusammen mit dem Döpesee umfasst es eine Fläche von 215 Hektar. Im dicht mit Schilf bewachsenen Döpesee sowie am nördlichen Ufer des Schweriner Sees ist aufgrund des Naturschutzzustandes das Baden und Angeln nicht erlaubt. Zeitweilig hatten sich am See sogar Biber angesiedelt.

Der alte Fahrweg, der sich von Hohen Viecheln kommend durch das Gelände schlängelt, war im Mittelalter die hauptsächliche direkte Verbindungsstraße von Wismar, ostwärts am Schweriner See und an Schwerin vorbei, in Richtung Süden.

Auf diesem Weg erreicht man heute auch den Ortsteil Flessenow-Ausbau. Zudem erinnern im hinteren Teil des Wiesengeländes alte Wasserlöcher neben dem Döpesee an die Torfstichvorhaben nach dem Krieg. Am Landweg stehen Hinweistafeln zum Naturschutzgelände und zum Wanderweg „Blaue Acht", die manche neue Informationen ergeben.

Die Döperegion im Herbst, mit Blick auf den Döpesee (Foto: Falkenberg)

Hier im nahen Döpesee fanden die Männer des damaligen Erbfischers Prignitz aus Hohen Viecheln bei einem Fischzug im Jahr 1770 einen alten, granitenen Taufstein.

Dieser kam vorerst zur Begutachtung in die Kirche und an die Universität in Bützow. Aber man ist eigentlich noch bis heute ratlos, wie dieser Stein in den Döpesee gekommen ist. Dann über 100 Jahre später im Jahr 1898, kam dieser Taufstein auf Befehl des damaligen amtierenden Herzogs Albrecht zum neu erbauten herzoglichen Schloss Wiligrad. Im Park, nahe am Schloss stehend, dient der alte Taufstein aus Hohen Viecheln heute noch als Springbrunnen (s. a. Wiligrad).

Die Burg Dobin

Etwa auf der Hälfte des Weges zwischen Hohen Viecheln und Flessenow taucht auf der linken Seite plötzlich eine ansteigende Ackerfläche auf. Ein großer Stein des Kulturvereins Sagenland am Fuße des Geländes gibt Auskunft darüber, dass sich hier einstmals die große alte Slawenburg Dobin befand. Diese Verteidigungsanlage ließ der letzte Obotritenfürst Niklot im Jahre 1147 zum Schutz gegen ein deutsches und dänisches Kreuzfahrerheer unter Führung des Sachsenherzogs Heinrich dem Löwen errichten. In unermüdlicher intensiver Arbeit gelang es dem Fürsten Niklot mit seinen Stammesangehörigen, an dieser Stelle in kurzer Zeit eine große, feste Burganlage zu erbauen, mit einer oberen Hauptburg und einer lang gestreckten Vorburg. Das Vorhaben konnte vollendet werden, ehe das Kreuzfahrerheer dieses Gebiet erreichte. Aus kastenförmigen, mit Erde gefüllten Wallanlagen schuf man in kurzer Zeit eine feste Basis für die Wälle der Burganlage, auf der hohe Palisadenwände und Ausfalltore die Verteidigung verstärkten. In der Burg selbst wurden neben Wohneinheiten auch genügend Vorräte angelegt, um eine längere Belagerung zu überstehen. Zudem sicherten im Vorbereich Wassergräben und undurchdringliche Moorbereiche die Feste. Durch diese strategisch günstige Lage gelang es Belagerern nicht, die Burg der Obotriten zu erobern und sie mussten zum Ende des Jahres wieder ohne größeren Erfolg abziehen.

Besucher auf dem alten Burgwall Dobin (Foto: Schnell)

Nach der deutschen Besiedlung erlangte die Burganlage nur noch wenig Bedeutung als Festung in der Region. Ausgrabungen der Archäologen und zufällige Funde bestätigen aber die einstige Bedeutung des noch lange als „Wall bei Viecheln" bezeichneten Burggeländes. Schon bald nach dem Ende der Nutzung als Burg wurde das Burggelände für den Ackerbau verwendet. Um 1807 wurde erstmals im Mecklenburgischen Staatskalender eine Windmühle auf dem Gelände der alten Burg erwähnt. Sie bestand bis 1947 an diesem höchsten Ort des Burgareals, ehe sie wegen Baufälligkeit abgerissen wurde. Man kann dort noch alte Mühlensteine finden. Heute gehört dieses Gebiet der alten Wallanlage zur Gemeinde Dobin am See.

Der Autor Dr. Falkenberg informiert die amtierende Herzogin Donata von Mecklenburg über die historische Stätte der Burg Dobin, wo ihr Ur-Vorfahre Niklot mit seinen Scharen der Belagerung durch Sachsen und Dänen standhielt (Foto: D. v. Mecklenburg).

Geschichten und Sagen

Die Döperegion mit ihrer unheimlichen Düsternis führte oft in der Dämmerung dazu, dass sich alte Leute daran erinnern, auf dem Weg einen Reiter ohne Kopf gesehen zu haben, der seinen Kopf unter dem Arm trug. Einige Bewohner meinten, dass es sich um den letzten Obotritenfürsten Niklot handeln würde, andere redeten von einem französischen Offizier, der hier so sein Unwesen trieb und die Leute erschreckte. Eine dritte Gruppe schrieb ähnliche Erscheinungen der Wilden Jagd zu, welche im Jagdgefolge Wotans auch im Döpegebiet so manchem Bürger das Fürchten lehrte. Tafeln des Sagenvereins am alten Burgwall und an der „Hühnerfarm" (s. Flessenow Ausbau) machen auf diese Sagen aufmerksam.

Unweit des Döpesees liegt auf der Ventschower Seite eine moorige Vertiefung, die als Teufelskuhle bezeichnet wird und in welche der alte Fürst Niklot auf seinem Schimmel, der Reiter ohne Kopf, immer wieder verschwindet, nachdem er die alte Burg Dobin mehrmals überquerte. Nahe bei der Teufelskuhle stand einst die sogenannte Wohleiche (Wotanseiche), die an alte heidnische, kultische Aktivitäten erinnerte, heute aber leider abgeholzt worden ist.

Mit der Burg Dobin steht eine Erzählung im Zusammenhang, die an das Ende der Kämpfe zwischen Sachsen und Slawen erinnert. Um wenigstens einen Teil ihres Kreuzzugsauftrages zu erfüllen, sollen die Sachsen veranlasst haben, dass sich 1000 Slawen im Döpesee von Bischof Berno haben taufen lassen. So meinte man sehr lange, dass deshalb dieser kleine See die niederdeutsche Namensbezeichnung „Döpe", gleich hochdeutsch „Taufe", erhalten habe. Doch fand Mecklenburgs berühmtester Archäologe Friedrich Lisch heraus, dass es nicht die Taufhandlung war, die diesem See und dem Gebiet seinen Namen gab. In Wirklichkeit hat der See wohl seinen Namen von der alten Burg Dobin und einem nahe liegenden wüsten

Dorf Dobin erhalten. Zudem ist aus dem slawischen Sprachgebrauch heraus bekannt, dass das Wort Düpe oder Doop die Bezeichnung für eine Wiesenniederung darstellt.

Touristische Informationen

Sagentafeln und ein großer Feldstein (s. oben) erinnern vor dem Gelände der alten Burg Dobin an die Kämpfe während des Kreuzzuges von 1147.

Über die Gemeinde Dobin am See und das Amt Crivitz

Nach der Kommunalwahl von 2004 entstand am rechten Ufer des Schweriner Außensees durch Fusion mehrerer Dörfer die jetzige Gemeinde Dobin am See. Die neue Gemeinde besteht aus den Ortsteilen Alt Schlagsdorf, Buchholz, Flessenow, Liessow, Neu Schlagsdorf, Retgendorf und Rubow, von denen hier Flessenow und Retgendorf aufgrund ihrer Lage am Seeufer betrachtet werden sollen. Die neue Gemeinde umfasste zu diesem Zeitpunkt eine Gesamtfläche von ca. 34,8 Quadratkilometern und hatte 1990 Einwohner. Die Gemeinde Dobin am See nennt sich nach der alten slawischen Burganlage Dobin, welche wie beschrieben, am Landweg durch das Döpegebiet liegt.

Zudem haben sich seit dem 1. Januar 2014 mit der neuen Gemeinde Dobin am See insgesamt 17 Kommunen mit 26 000 Einwohnern zum Amt Crivitz zusammengeschlossen. Zu diesem neuen Amt gehört auch das bisherige Amt Ostufer Schweriner See mit den Ortsteilen Flessenow, Retgendorf und Rampe, welche in unserer Übersicht behandelt werden.

3 Flessenow, Ortsteil der Gemeinde Dobin am See

Wegbeschreibung

Der bereits genannte Döpeweg führt geradewegs aus dem Döpegebiet, vorbei am Döpesee zu dem Ortsteil Flessenow-Ausbau. Zu Flessenow-Ausbau gehören einige Ferienhäuser, ein alter Bauernhof und etwa 150 Meter weiter zwei lang gestreckte barackenähnliche Gebäude, im Volksmund „Hühnerfarm" genannt. Eine Tafel erklärt diese Bezeichnung.

Drei Wege laufen von diesem Barackenkomplex „Hühnerfarm" ab:

Der **linke** Weg führt auf ein großes Waldstück zu. Für Teile der sowjetischen Armee endete hier an dieser Stelle der 2. Weltkrieg. Bis zur endgültigen Festlegung der Demarkationslinie zwischen den Alliierten bezogen die sowjetischen Verbände in diesem großen Waldstück vor uns Quartier. In 35 selbsterrichteten Holzhütten im karelo-finnischen Stil fanden sie Unterkunft. Nach Abzug der sowjetischen Einheiten im Juni/Juli 1945 wurden die nun leer stehenden Blockhütten von der deutschen Verwaltung zur Unterbringung von Flüchtlingen und Aussiedlern aus den ehemaligen deutschen Ostgebieten genutzt. Bis zu 1000 Menschen gleichzeitig wurden unter schlimmen Bedingungen von der deutschen Verwaltung hier untergebracht, wobei die geschwächten Menschen meist von der Bahnstation Ventschow die ca. sechs Kilometer zu Fuß laufen mussten. Insgesamt durchliefen 9 975 Personen dieses Quarantänelager, von denen durch Seuchen und Hunger etliche verstarben und auf einem Waldfriedhof beerdigt wurden. Erst am 27. April 1947 konnte das Lager offiziell aufgelöst werden. 34 Familien blieben vorerst weiter hier wohnen, weil sie anderswo keine Bleibe fanden. Nähere Auskunft über dieses Quarantänelager gibt eine Infotafel des Sagenvereins kurz vor dem Ortseingang Flessenow. Ein Hinweis auf diese Tafel erfolgt später an geeigneter Stelle. Heute stehen noch drei dieser Hütten, die von Privatleuten als Ferienhäuser genutzt werden.

Der **mittlere** Weg führt genau zum Hauptort Flessenow.

Zu Sagen und Geschichten in Flessenow Ausbau

An diesem Teil des Ausbaus, „Hühnerfarm" genannt, steht links am Weg ein Sagenstein mit dem Titel: Der kopflose Franzose. Nach der Sage bemerkte eine alte Frau, die sich von Flessenow auf dem Weg nach Hohen Viecheln befand, dass ein Mann ohne Kopf auf einem Schimmel hinter ihr herritt. Sie lief so schnell wie sie konnte, aber der Reiter war immer hinter ihr her. Erst als sie Hohen Viecheln erreichte, verschwand der bedrohliche Reiter. Bei dem Reiter soll es sich um einen französischen Offizier aus der Napoleonzeit gehandelt haben, der kopflos auf seinem Schimmel die Personen erschreckte, die in der Dunkelheit noch die Döpeniederung durchqueren wollten. Diese Geschichte wird an einer Tafel des Niklot-Pfades erzählt. Offensichtlich korrespondiert diese Story mit der Niklotsage (s. Geschichten und Sagen im Abschnitt Burg Dobin).

Weitere Wegbeschreibung

Wir Wanderer wollen aber weiter die schöne Region erkunden und wenden uns nun von der „Hühnerfarm" kommend, dem **rechts** abbiegenden Weg zu. Vorbei an einem Bauernhof und Ferienhäusern erreichen wir den Langen See. Ein gut begehbarer Waldweg führt uns nun am Ufer des Sees in Richtung Dorf Flessenow. Etwa zwei bis drei Kilometer entlang des Sees verläuft der Weg durch den Wald, wobei unterschiedliche Waldbereiche mit einigen mächtigen Eichen zu sehen sind. Rechts vom Weg finden sich Überreste alter sowjetischer Schützengräben. Da der Krieg nach der Eroberung des Areals aber offiziell noch nicht beendet war, errichteten die sowjetischen Soldaten am hohen Ostufer diese Schützengräben, um sich gegen mögliche Angriffe zu wehren. Gegenüber auf der westlichen Seite des Sees, im Bereich Hohen Viecheln, hatten englische Verbände Quartier bezogen. Erst nach Festlegung der endgültigen Demarkationslinie zwischen den Besatzungsmächten verließen die Sowjetsoldaten im Juni 1945 die Region. Ein Hinweis auf diese Schützengräben findet sich allerdings nicht.

Unser Waldweg führt weiter vorbei an einer romantischen Badestelle mit Hinweisschild zur Entstehung des Langen Sees. Danach kommen wir an einer Tafel vorbei, die auf die sogenannten Bauernwiesen hinweist. Hier soll sich ein Bauer das Leben genommen haben.

Waldfriedhof des ehemaligen Quarantänelagers: Kurz vor Flessenow zweigt ein kleiner Weg links ab, der uns zu einem Friedhof führt, auf dem insgesamt 235 Menschen beigesetzt wurden, welche im oben genannten Quarantänelager nach dem Krieg gestorben sind. Durch Seuchen, Hunger und unhygienische Wohnmöglichkeiten sind zahlreiche Menschen, oftmals geschwächt durch Ausweisung aus ehemals deutschen Gebieten Osteuropas, ums Leben gekommen und hier beerdigt worden. Heute erinnern an den unter Denkmalschutz stehenden Flüchtlingsfriedhof als Kriegsgräbergedenkstätte ein großes Holzkreuz und Gedenktafeln.

Bungalowsiedlung: Im nördlichen Teil von Flessenow wurde, beginnend im Jahr 1964, eine Bungalowsiedlung errichtet, welche im Endstadium genau 100 Ferienhäuser und eine kleine Marina (Liegeplätze für Boote) umfasst. Wegen seiner unberührten Natur, des flachen Seeufers mit großen Liegewiesen sowie den Angel- und Segelmöglichkeiten erfreut sich die Siedlung auch heute noch großer Beliebtheit.

Schottische Hochlandrinder: Wir setzen den Wanderweg in Richtung Flessenow-Dorf fort. Kurz vor dem Ort können wir auf einer großen Wiese eine Vielzahl rotbrauner Rinder verschiedenen Alters bewundern. Es handelt sich um sogenannte Schottische Hochlandrinder, die durch ihre Robustheit und Genügsamkeit den Geländebedingungen sehr gut angepasst sind.

Der Ort Flessenow und seine Lage

Die ehemals selbstständige Gemeinde Flessenow gehört heute als Ortsteil zur Gemeinde Dobin am See, welche ihren Namen von der alten slawischen Burg Dobin erhielt und dessen Gelände heute zum Territorium Flessenows gehört.

Das Areal Flessenows selbst liegt unmittelbar am nordöstlichen Rand des Schweriner Außensees. An der Dorfstraße liegen verstreut Eigenheime, am See ein Zeltplatz und eine Jugendherberge. Zum Ort Flessenow gehört auch der bereits erwähnte, am Döpesee gelegene, Ortsteil Flessenow -Ausbau, welcher heute überwiegend zu Erholungszwecken genutzt wird.

Zur Geschichte des Ortes

Nach der Eroberung Mecklenburgs durch den Sachsenherzog Heinrich der Löwe wurde 1160 ein großes Gebiet am Ostufer des Schweriner Sees dem späteren Grafen Gunzelin von Hagen als Lehen übergeben und erhielt als Landschaft den Namen **Silesen.** Zu diesem Gebiet ist auch das heutige Flessenow zu rechnen. Der Ort Flessenow selbst wird erstmals im Jahre 1241 urkundlich erwähnt und gehörte damals zum Kirchspiel Retgendorf. Der Name des Ortes leitet sich aus der slawischen Bezeichnung „Vlassenow" her, was im übertragenen Sinn „nasser, feuchter Ort" heißt.

Flessenow war ein typisches mecklenburgisches Gutsdorf mit Herrenhaus und Tagelöhnerkaten. Im Ort existierte seit jeher ein Gutshof, der von wechselnden Rittergutsbesitzern bewirtschaftet wurde. Eine der bekanntesten Gutsbesitzerfamilien war die Familie von Sperling, der zeitweilig bis zu sieben Dörfer in diesem Areal gehörten und welche auch das Gelände der alten Burg Dobin in ihren Besitz brachte. Im Zuge der Bodenreform wurde der letzte Gutsbesitzer im Jahr 1945 enteignet. Das Gelände des 466 Hektar umfassenden Gutes wurde an insgesamt 27 Neubauern verteilt. Später wurde im Ort eine Landwirtschaftliche Produktionsgenossenschaft (LPG) gegründet. Erst in den 1950er Jahren erhielt Flessenow durch den Bau einer festen gepflasterten Straße eine öffentliche Anbindung. Zu DDR-Zeiten entstanden in Flessenow zahlreiche Ferienhäuser, Kinderferienanlagen und ein Campingplatz.

Sehenswürdigkeiten

Dorfstraße: Durch das Dorf Flessenow führt eine kopfsteingepflasterte Straße mit großen, alten Lindenbäumen (Lindenstraße), beginnend am ehemaligen Gutshaus bis zum Schweriner Außensee. Diese Straße wurde erst in den 1950er Jahren als feste Zufahrt zum Dorf erbaut.

Gutshaus Flessenow: Das ehemalige Gutshaus an der Lindenstraße 8 ist ein zweigeschossiger Bau aus der Zeit der Neorenaissance. Eine geschweifte Freitreppe führt an der Vorderseite in das Innere des Hauses. Das Haus war Wohnsitz verschiedener Gutsbesitzerfamilien. Auf dem Vorplatz des alten Gutshauses erzählt eine Informationstafel unter anderem auch die seltsame Geschichte eines österreichischen Adelsprösslings, der sich mit einer Frau aus dem horizontalen Gewerbe verlobte. Um das Verlöbnis zu lösen, schenkte der entsetzte Vater der „Dame" das Gut Flessenow. Nach der Enteignung im Zug der Bodenreform 1945 wurde das Gutshaus unter anderem als Büro, Bauernstube, Kindergarten und Einkaufsstätte genutzt. Das ehemalige Wohnhaus steht heute nach der langjährigen Nutzung zu DDR-Zeiten leer, steht aber unter Denkmalsschutz.

Am Ende der Lindenstraße biegen wir links ab zur Jugendherberge.

Altes Gutshaus in Flessenow (Foto: Falkenberg)

Jugendherberge: Die romantisch gelegene Jugendherberge vor dem Campingplatz in Flessenow entstand ebenfalls in den 1960er Jahren und wurde bis heute Jahr für Jahr von Hunderten Kindern und Jugendlichen aufgesucht. Vor der Jugendherberge steht heute ein Sagenstein. Unmittelbar neben der Jugendherberge liegt der Seecampingplatz Flessenow.

Seecampingplatz Flessenow: Der inzwischen international bekannte Seecampingplatz liegt romantisch unter gewaltigen Eichen gleich rechts von der Dorfstraße zum See hin. Er hatte bereits zu DDR-Zeiten eine Kapazität von 1000 Zeltplätzen.

Der Campingplatz ist heute ein beliebtes und viel besuchtes Urlaubsziel, vor allem niederländische Camper suchen den

Sagenort in Flessenow vor der Jugendherberge (Foto: Wesolek)

Ort auf. Die Anlage befindet sich unmittelbar am Ufer des Schweriner Sees und bietet vielfältige Erholungsmöglichkeiten für Zeltler und Wohnwagenbesitzer.

Geschichten und Sagen

Vor der Jugendherberge und dem Campingplatz sind die Sagenstätten vom Lindwurm bei Flessenow sowie die Sage von den beiden Riesen dargestellt und sind ebenfalls durch Findlinge mit dem Symbol des Petermännchens und entsprechenden Sagentafeln gekennzeichnet:

Nach der Sage zieht der Lindwurm seine Bahnen im See von Flessenow bis nach Bad Kleinen und zurück. Wenn im Winter der See zugefroren ist, sieht man deutlich an der Eisspur mit aufgeworfenen Schollen, wo sich der Lindwurm mit seinem gezackten Rücken durch das Eis vorwärtsgekämpft hat. Einmal erlebten zwei Fischer, wie sich der Lindwurm auf den Bug ihres Schiffes hockte und sie hatten große Furcht. Doch das Ungetüm verschwand nach einiger Zeit aus dem Schiff, ohne sie zu behelligen.

Eine andere Sage erzählt von den zwei Riesen Träumer und Triefnase, die sich um das Mädchen Elisabeth streiten. Diese Geschichte können Sie unter Wiligrad, Geschichten und Sagen nachlesen.

Touristische Informationen

Seecampingplatz Flessenow, Am Schweriner See 1A: Mit Camping, Wasserwanderrastplatz, Einkaufsmöglichkeiten, Verkauf von Angelkarten.

Kanucamp Flessenow: Am Schweriner See 1B: Mit Feriencamp, Kanuausleihe, Klettern, Bogenschießen.

Jugendherberge am Schweriner See, Flessenow, Am Schweriner See 1B.

Hotelrestaurant Seewisch, Flessenow, Am Schweriner See 1 D.

Vor der Rezeption des Zeltplatzes steht ein Sagenstein: **Die Sage über die Riesen Träumer und Triefnase und das Mädchen Elisabeth** (s. Teil Wiligrad).

Vor der Jugendherberge steht ein Sagenstein: **Die Sage vom Lindwurm.**

Durch den Ort Flessenow führt auch der auf Tafeln beschriebene sogenannte **Niklotpfad.**

Am Niklotpfad in Flessenow (Foto: Wesolek)

4 Retgendorf, Ortsteil der Gemeinde Dobin am See

Wegbeschreibung

Wir überqueren den Campingplatz und weiter geht es direkt am Ufer des Schweriner Sees den Wander- und Radweg entlang Richtung Retgendorf – Rampe. Vom Seeufer hat man einen weiten Blick über den Schweriner See bis hinüber zum Schloss Wiligrad. Wenn man aber die Sehenswürdigkeiten von Retgendorf, wie die Kirche und die Sagensteine, besichtigen will, dann muss man vor dem Areal des Ferienparkes links hinauf in das Dorf bis zur Asphaltstraße gehen. Von hier aus führt die Straße durch den Ort bis zum Cambser Weg, wo wir wieder rechts zum Seebereich abbiegen und dann dem Wanderweg folgen.

Der Ort und seine Lage

Direkt am mittleren Teil des Ostufers am Schweriner See gelegen, reichen einzelne Ortsteile und Häuser in Retgendorf bis an den See heran. Mit der Entfernung vom See steigt das Gelände langsam an. Das ermöglichte, besonders nach 1990, einen attraktiven Eigenheimbau, weil von den meisten Grundstücken eine sehr gute Sicht auf die Weite des Sees gegeben ist. Die Lage des Ortes Retgendof am Ostufer des Schweriner Außensees bietet neben der Landwirtschaft mit Campingplätzen, Badestränden und Hotels ideale Möglichkeiten zur Erholung. Aus dem kleinen, ruhigen Bauerndorf ist so nach der Wende ein begehrter Wohnstandort geworden. Zwischen Seeufer und Hauptstraße hat sich eine imposante Ferienkolonie und ein viel besuchter Campingplatz etabliert, sodass Bademöglichkeiten und Bootstourismus entsprechend zugenommen haben. Einkehr- und Übernachtungsmöglichkeiten sowie ein ausgedehnter Wellnessbereich, modern eingerichtete Bungalows, eine Bundeskegelbahn und eine Reitanlage machen das großzügig angelegte Areal des Ferienparks zu einer bekannten und viel besuchten Attraktion.

Bei Retgendorf hat der Schweriner See mit etwa 5000 Metern seine größte Breite erreicht. Nicht weit entfernt ist im See die Insel Lieps sichtbar.

Zur Geschichte des Ortes

Das gesamte Ostufer des Schweriner Sees erhielt der Ritter Gunzelin von Hagen nach der Eroberung des Slawenlandes 1160 als Vasall des Sachsenherzogs Heinrich des Löwen als Lehen. Es umfasste auch das Areal von Retgendorf (s. a. Flessenow). Urkundlich wurde Retgendorf erstmals im Jahr 1241 als Eigentum der Gräfinwitwe Audacia erwähnt. Der Ortsname stammt aus dem altslawischen Sprachgebrauch und bedeutet so viel wie: „Dorf des Ratik oder Radik". Die Kirche ist im gotischen Backsteinstil erbaut und wurde 1241 geweiht. Im Ort bestand ein Hofgut von 496 Hektar Größe, welches im Laufe der Jahrhunderte von verschiedenen Besitzern bewirtschaftet wurde. Zu ihnen gehörten die Familien von Bülow, Schack, Sperling, Plessen, Diestel und Rusch. Das Gut wurde nach 1945 im Zuge der Bodenreform enteignet. Das abgelegene Dorf erhielt trotz vieler vermögender Gutsbesitzerfamilien erst 1951 elektrisches Licht und erst dann wurde eine feste Straße durch den Ort nach Flessenow gebaut. Das ursprüngliche Gutshaus wurde 1955 abgebrochen, doch sind Wirtschaftsgebäude und Teile des Parks erhalten. Zu DDR-Zeiten wurden die Ackerflächen nach der Aufteilung an 50 Einzelbauern im Zuge der Bodenreform später von einer LPG bewirtschaftet. Nach der Wende entstanden in Retgendorf eine Reihe neuer Eigenheime. Aus dem Bereich der ehemaligen Ferienlager zu DDR-Zeiten entstand der bekannte Ferienpark.

Sehenswürdigkeiten

Kirche Retgendorf: Die Backsteinkirche aus dem 14. Jahrhundert ist eine zweijochige Saalkirche. Kreuzrippengewölbe sind für das Innere und den Chor charakteristisch. Der zweigeschossige Turm mit Fachwerkaufsatz steht auf der Westseite der Kirche. Ein Schnitzaltar aus dem 16. Jahrhundert, ein spätgotisches Triumphkreuz sowie ein Granittaufbecken aus dem 13. Jahrhundert prägen das Kirchenschiff. Im Innern haben sich auch Grabsteine adliger Familien erhalten. Das Gelände steht unter Denkmalsschutz.

Die Kirche in Retgendorf (Foto: Falkenberg)

Das **Pfarrhaus in Retgendorf** in der Seestraße 13 steht ebenso wie das **Wohnhaus des Pastors**, Seestraße 18, unter Denkmalsschutz des Landkreises Parchim.

Geschichten und Sagen

Kurz vor Retgendorf findet sich direkt an der Einfahrt zum Ferienpark Retgendorf eine Skulptur und eine Tafel, die auf die Sage von der wartenden Fischersfrau aufmerksam macht. Danach soll vor vielen, vielen Jahren hier ein Fischer mit seiner Frau gelebt haben. Eines Tages wollte der Fischer wieder hinaus auf den See fahren, obwohl der Himmel schwarz gefärbt war und sich ein großes Unwetter ankündigte. Doch vergebens flehte die Frau ihren Mann an, er sollte bei diesem Wetter nicht auf den See fahren. Aber der Fischer lachte nur seine Frau wegen ihrer Ängstlichkeit aus. Die ganze Nacht und viele weitere Tage und Nächte wartete die Frau, dass ihr Mann wieder zurückkäme. Doch der Fischer kam nicht mehr. Noch heute hört man oft die klagenden Rufe der Fischersfrau über den See schallen.

Der Sagenort in Retgendorf: Die wartende Fischersfrau (Foto: Wesolek)

Weiterhin erzählt eine Sage im Ort von einem Retgendorfer Schäfer, der am Johannistag am hohen Ufer bei Retgendorf mittags gegen 12 Uhr beim Hüten ein prächtiges Schloss aus dem Wasser auftauchen sah. Aber mit dem Ein-Uhr-Glockenschlag versank das Schloss wieder im See.

Ebenso sollen sich mitten im Dorf in Retgendorf manchmal Zwerge sonnen, die dort im Berg hausen. Eine Frau, die mit ihrem Sohn dort vorbeikam, erschrak vor dem Lärm, den die Zwerge verursachten. Ein Schäfer, der dort stand, erklärte ihnen aber, sie sollten sich nicht ängstigen. Die Zwerge wollten sich nur sonnen. Ein Sagenstein in der Mitte von Retgendorf bezieht sich auf diese Sage.

Touristische Informationen

Ferienpark Retgendorf: Kiefernweg 1. Restaurant mit diversen Räumen und großer Terrasse. Übernachtungsmöglichkeiten, Ausleihe von Fahrrädern und Booten, Wellnessoase und Kegelbahn, Beachoase, Reiten und Kremserfahrten. Gleichzeitig ist der Park Ausgangspunkt des touristischen Weges der Blauen Acht.

Campingplatz Retgendorf: Mit Segelschule.

Am Beginn des Ortes, aus Richtung Flessenow kommend, steht die Sagentafel, welche auf die **wartende Fischersfrau** verweist.

Etwa in der Mitte des Dorfes steht eine Sagentafel**,** die über **die sich sonnenden Zwerge** berichtet.

Ein Sagenstein auf einer Anhöhe hinter Retgendorf bezieht sich auf die **Sage vom versunkenen Schloss** und steht neben dem Hinweisschild zum Niklot-Pfad.

Auf dieser erhöhten Stelle über dem Seeufer findet sich eine Hinweistafel: Hier beginnt der sogenannte Niklotpfad. Von hier aus verläuft der durch Hinweisschilder kenntlich gemachte Niklot-Pfad über Flessenow, durch die Döperegion bis zum Ende von Hohen Viecheln. Auch die Angaben zur „Blauen Acht" des Tourismusvereins beziehen sich auf dieses Areal.

Der Beginn des Niklotpfades auf der Höhe hinter Retgendorf, daneben die Sagentafel vom versunkenem Schloss (Foto: Wesolek)

5 Rampe, Ortsteil der Gemeinde Leezen

Wegbeschreibung

Fast schon am Ende des Dorfes Retgendorf verläuft rechts abbiegend ein Rad- und Wanderweg in Richtung Rampe mit schönen Ausblicken auf den Schweriner See. Diese Stelle ist wie bereits erwähnt Ausgangspunkt des Niklot-Pfades. Dem Niklotprofil als dessen Symbol sind wir schon oft begegnet.

Der Ort und seine Lage

Durch seine Lage am Schweriner Außensee, wo der Paulsdamm auf das Ostufer des Sees trifft, hat Rampe besondere Bedeutung für die Verkehrsinfrastruktur. Die wichtige Bundesstraße B 104 durchquert heute, von Schwerin kommend, über den Paulsdamm den Ort. In Richtung Cambs existiert eine nahe Autobahnauffahrt auf die A 24. Lange Zeit war Rampe Verwaltungssitz des Amtes am Ostufer Schweriner See. Heute hat das Amt Crivitz diese Aufgabe übernommen. Auf halbem Weg von Retgendorf her ist das Diakoniewerk „Neues Ufer" zur Betreuung vorwiegend geistig Behinderter zu finden. Ebenfalls im Ortsteil Rampe hat das Landeskriminalamt für Mecklenburg-Vorpommern seinen Sitz.

Zur Geschichte des Ortes

Die erste urkundliche Erwähnung des Ortes Rampe geht auf das Jahr 1171 zurück. Er ist damit eine der ältesten Ortschaften, die im nachslawischen Mecklenburg in einer Urkunde erwähnt werden. Der Ort Rampe gehörte zum Land Silesen, welches Herzog Heinrich der Löwe an seinen Vasallen Gunzelin von Hagen vergab. Späterhin entstand hier ein Pachtgut mit 488 Hektar Land. Oberhalb des Ostufers des Schweriner Sees lag der ehemalige Gutshof.

Sehenswürdigkeiten

Diakoniewerk Neues Ufer: Das Diakoniewerk ist ein Heim für behinderte Menschen und entstand aus dem ehemaligen Gutshof. Ein Garten der Sinne ist Bestandteil der Diakonieanlage und soll in vielfältiger Weise helfen, die Wahrnehmung der Menschen zu verbessern. Dieser Bereich ist auch ständig für Touristen zugänglich.

6 Der Paulsdamm

Wegbeschreibung zu seiner Lage: Der etwa drei Kilometer lange Paulsdamm, welcher heute den Schweriner Innensee vom Außensee trennt, verbindet den Ort Rampe mit der Landeshauptstadt Schwerin. Darauf wurde bereits im Teil Schweriner See hingewiesen. Heute ist der Paulsdamm Teil der Bundesstraße B 104. Als fester Straßendamm führt diese Straße durch das südliche Ramper Moor, wobei die Seeufer beider Seiten teilweise bis an die Straße heranreichen. Etwa in der Mitte der Straßengesamtlänge überquert der Paulsdamm die unter ihm verlaufende Wasserstraße zwischen Außen- und Innensee. Eine Brücke auf dieser Straße führt hier zudem über einen Kanal, welcher den Ziegelaußensee mit dem Schweriner Außensee verbindet. Gleich dahinter biegt eine kleine Straße rechts nach Wickendorf ab. Nahebei befindet sich die beliebte Gaststätte „Seewarte". Danach erreicht man auf dieser Straße, links abbiegend, die Gebäude des Frankenhorst und bald darauf, der Straße folgend, Wickendorf.

Zur Geschichte

Ursprünglich gab es im Mittelteil des Schweriner Sees keine Verbindung zwischen dem Ost- und Westufer des Sees. Sehr umständlich musste man entweder den ganzen See umrunden oder sich mit Booten von einer Seeseite zur anderen übersetzen lassen. Im Jahr 1840 beauftragte der damalige Großherzog Paul Friedrich seinen Baumeister Demmler, an dieser Stelle einen Fahrdamm anzulegen, um eine Durchquerung des Sees auf dem Landwege zu erreichen. Nach den Annalen heißt es, dass besonders für die Bauern der Umgebung eine böse Zeit begann. Sie mussten allein 3000 Wagenladungen mit Faschinen (Strauchwerk) sowie unendliche Mengen an Erde heranschaffen und verteilen. Doch im Endeffekt war die neue Verkehrsverbindung ein gelungenes Werk, das für die verkehrsmäßige Erschließung der Region große Erleichterungen brachte. Nach 1970 wurde zudem eine feste Brücke zwischen dem Paulsdamm über den Verbindungskanal nach Wickendorf gebaut, der eine alte Drehbrücke ablöste. Später wurde der Paulsdamm als Bestandteil der Bundesstraße 104 weiter ausgebaut.

Sehenswürdigkeiten

Paulsdamm: Fährt man von Schwerin kommend über den etwa drei Kilometer langen Paulsdamm, dann bieten sich rechts und links der Straße weite Ausblicke über die Flächen des äußeren und des inneren Schweriner Sees. Autofahrer sind vor Ablenkungen zu warnen, da hier oft Unfälle wegen der interessanten Ausblicke vorkommen. Die Straße selbst wird teilweise nur durch ein schmales Band von Bäumen vom See abgetrennt.

Die Straße am Paulsdamm wird hier von dem um 1840 ausgebauten Paulsgraben begleitet. Dieser Kanal verbindet den Schweriner Außensee mit dem Ziegelsee. Gerade in den Sommermonaten findet ein lebhafter Bootsverkehr statt, zudem nutzen viele Angler dieses Ressort.

Naturschutzgebiet (NSG) Ramper Moor: Das Ramper Moor, nördlich des Paulsdamms im Schweriner Außensee gelegen, bildet sozusagen im See eine Halbinsel. Um einige Landbereiche entstanden durch Verlandungen nach der Eiszeit zunehmend Moorflächen, indem aus umliegenden Grundmoränen Erden ausgeschwemmt wurden. Früher wurden hier noch Wiesen gemäht und die sogenannte Seekreide (Kalk) abgebaut, die sich aus aufsteigenden Grundwässern der Grundmoränen hier absetzte und unter einer vier bis sieben Meter tiefen Torfschicht bis zu zehn Meter mächtige Schichten bildete. Die etwa 100 Hektar große Fläche steht seit 1979 unter Naturschutz. Die morastige Halbinsel ist überwie-

Der Paulsdamm zwischen dem Außen- und Innensee (Foto: Falkenberg)

gend mit Weiden, Erlen und Schilfbeständen bewachsen. Dazwischen gibt es noch baumfreie Wiesen, auf denen seltene Pflanzen, wie Orchideen und Schwertlilien gedeihen. Zahlreiche Amphibien, Brutvögel, wie der Seeadler, Habicht, Waldkauz, Sprosser und Kormoran, aber auch Fischotter, Baummarder und Wildschweine zeugen vom vielseitigen Leben in diesem Bereich. Zeitweilig wurden in den 1950er Jahren Biber ausgesetzt, welche jedoch heute hier nicht mehr leben. Gegenwärtig ist das Ramper Moor Naturschutzareal, FFH (Fauna-Flora-Habitat)- und Vogelschutzgebiet und wird nicht mehr bewirtschaftet. Ziel des Naturschutzes ist es, die kalkreichen Verlandungsmoore mit ehemaligen offenen Wiesenflächen zu erhalten und einen zu starken Baumbewuchs durch Pflegemaßnahmen einzuschränken. Auch ein Befahren mit Booten ist verboten.

Das Naturschutzgebiet Ramper Moor, im Hintergrund das Diakoniewerk (Foto: Falkenberg)

Seewarte: Noch bevor man Frankenhorst erreicht, ist ein Abstecher zu der bekannten und beliebten Fischgaststätte Seewarte zu empfehlen. Direkt neben der Gastwirtschaft durchqueren Segler und Motorschiffe unter einer Drehbrücke hindurch die Landenge zwischen dem Innen- und Außensee. Ist die Brücke nicht geöffnet, dann haben die Segelschiffe ihre Masten zu „kappen", um die Durchfahrt zu ermöglichen. Nach der Durchfahrt haben die Boote wieder freie Fahrt, können ihren Mast aufrichten und wieder die Segel setzen.

Frankenhorst: Vom Paulsdamm biegt man unmittelbar hinter der Brücke rechts auf eine schmale Asphaltstraße in Richtung Wickendorf ab. Ein alter Gehölzbestand am südlichen Teil der kleinen Verbindungsstraße zwischen der Gaststätte Seewarte und dem Ort Wickendorf reicht bis an das Nordufer des Zie-

Seekanal (Paulsgraben) an der Gaststätte Seewarte (Foto: Falkenberg)

gelaußensees heran. In Frankenhorst lebte von 1920 bis 1964 der Dichter und Schriftsteller Hans Franck. Heute ist in diesem Haus das Seehotel Frankenhorst als attraktiver Hotelstandort zu finden. Die Marina Frankenhorst ergänzt das Anliegen touristisch. Gleich anschließend beginnen die Feuchtwiesen des Wickendorfer Moores mit Wiesenorchideen und anderen seltenen Pflanzen.

Touristische Informationen

Seewarte Paulsdamm: Gaststätte, Wasserwanderrastplatz, Kanuanleger ...

Seehotel Frankenhorst: Frankenhorst 5. BEST WESTERN-Hotel ...

Marina Frankenhorst: Frankenhorst 5. Kanuanlegestelle ...

7 Wickendorf, Ortsteil von Schwerin

Wegbeschreibung

Wickendorf ist der Wendepunkt unserer Wanderung um den Schweriner Außensee. Ab hier führt unsere Strecke entlang des Westufers weiter nordwärts. Wickendorf bildet also für unseren Rundweg die südwestliche Begrenzung des Schweriner Sees in Richtung Seehof und Lübstorf.

Der Ort und seine Lage

Wickendorf ist heute ein Stadtteil von Schwerin. Teilweise ergeben sich hier vom Ufer der Seen ausgezeichnete weite Blicke auf die Seeflächen. Eine vom Kreuzungspunkt in Groß Medewege an der B 106 kommende Straße durchquert Wickendorf und führt über Seehof weiter nach Lübstorf und mündet wieder auf der Bundesstraße B 106. Ursprünglich standen in Wickendorf nur eine Reihe typischer Büdnerhäuser. Heute hat sich das Areal des Ortes um zahlreiche Eigenheime vergrößert.

Zur Geschichte des Ortes

Wickendorf wurde erstmals 1189 in einer Urkunde von Papst Clemens III. unter dem Namen Wickendorp erwähnt. Der Name kann von Wieck (Seebucht), wicken (wahrsagen) oder vicus (dörfliche Ansiedlung) hergeleitet werden.

Funde aus der Steinzeit belegen eine Ansiedlung vor mehreren tausend Jahren vor unserer Zeitrechnung sowie eine slawische Besiedlung zwischen 600 und 1200 n. Chr., ehe hier eine deutschsprachige Siedlung entstand. 1936 wurde Wickendorf in die Stadt Schwerin eingemeindet. Für Schwerin war Wickendorf früher ein wichtiger Produktionsstandort, denn hier wurden Ziegel und Kalk gewonnen und gebrannt. Heute ist es ein beliebter Wohnort für die Schweriner Bürger.

8 Seehof, selbstständige Gemeinde im Amt Lützow-Lübstorf

Wegbeschreibung

Das Gebiet der Gemeinde Seehof erreicht man direkt über die Landstraße von Wickendorf aus.

Der Ort und seine Lage

Seehof liegt am südwestlichen Ende des Schweriner Außensees. Viele Neubauten prägen heute das Ortsbild. Oftmals wurden die neuen Bewohner unter anderem durch die schöne Lage am Schweriner See dazu angeregt. Wesentlich wichtiger und bekannter ist der Ort durch seinen direkt am Seeufer liegenden Campingplatz, der immerhin eine Größe von 18 Hektar umfasst. Zahlreiche Touristen des In- und Auslandes bevölkern in jedem Jahr diesen Rastplatz.

Campingplatz am Seeufer in Seehof, gegenüber die Insel Lieps

(Foto: Falkenberg)

Zur Geschichte des Ortes

Der kleine Ort Seehof war ursprünglich ein domanialer Erbzinshof, dem erst 1838 vom Großherzog Paul Friedrich von Mecklenburg der Name Seehof gegeben wurde. Das Dorf war früher ein typisches mecklenburgisches Gutsdorf, mit Gutshaus und Landarbeiterkaten. Zu DDR-Zeiten gewann Seehof als Erholungsort für die Schweriner zunehmend an Bedeutung. Das Gebäude des ehemaligen Gutes wurde 1990 komplett saniert und zu einem Pflegeheim umgebaut.

Durch die neuen Eigenheime vergrößerte sich die Einwohnerzahl erheblich, 2018 waren es etwa 950 Einwohner.

Sehenswürdigkeiten

Ferienpark Seehof: Der Campingplatz Seehof war bereits zu DDR-Zeiten ein international bekannter Erholungsort mit vielfältigen Möglichkeiten zur Freizeitgestaltung. Er hatte immerhin eine Kapazität von 1000 Zelten. Das heute als Ferienpark bezeichnete Areal liegt direkt am Ufer des Schweriner Sees und bietet mit einer Größe von 18 Hektar eine Vielzahl von Nutzungsmöglichkeiten, u. a. eine Segel- und Tauchschule. Ein beeindruckender alter Baumbestand und die Weite des Schweriner Sees prägen das Gelände.

Pflegeheim am Schweriner See: Das weiträumig vor dem Ufer des Schweriner Sees angelegte Alten- und Pflegeheim beherbergt vorwiegend pflegebedürftige Personen aus der Region. Unterhalb des Pflegeheims kann man Reste des ehemaligen Gutsparks mit zum Teil sehr alten Eichenbeständen besichtigen.

Touristische Informationen

Ferienpark Seehof, Campingplatz: 19069 Seehof, Am Zeltplatz 1: Mit Wasserwanderrastplatz, Kanuanlegestelle, Bootsreparatur, Segel- und Tauchschule, Einkaufsmöglichkeiten.

Bootsverleih Seehof: Kanadier, Ruder- Tret- und Motorboote.

9 Hundorf, Ortsteil von Seehof

Wegbeschreibung

Der kleine Ort Hundorf ist über den alten Wanderpfad am Seeufer von Seehof gut zu erreichen. Zudem verbindet eine baumbestandene, asphaltierte Straße die Ortschaften von Wickendorf über Hundorf bis Lübstorf miteinander. Unterhalb des alten Dorfes entstanden schon zu DDR-Zeiten am Seeufer viele Wochenendhäuser, deren Anzahl nach 1990 weiter zugenommen hat. Vom Ufer aus blickt man auf die Schilfinseln der Großen und Kleinen Goldburg, welche als Vogelbrutstätten dienen.

Zur Geschichte des Ortes

Der jetzige Ort Hundorf wurde in den slawischen Zeiten noch Lyzcowe genannt, was seiner inhaltlichen Bedeutung nach als „Ort des Lizek" zu übersetzen ist. Nach der Eroberung Mecklenburgs durch sächsische und dänische Truppen haben sicherlich deutsche Siedler veranlasst, dass der slawische Name geändert wurde. Die erste urkundliche Nennung von Hundorf in deutscher Zeit erfolgte im Jahr 1171, als der Sachsenherzog Heinrich der Löwe dem Schweriner Bischof Berno den Ort Hundorf als Lehen zum Unterhalt der Domherren übereignete. Hundorf ist damit urkundlich einer der ältesten Orte, die in Mecklenburg nach der Eroberung genannt wurden.

Nach und nach haben sich eine Vielzahl von Ferienhaus- und Eigenheimbesitzer in dieser idyllischen Lage am See niedergelassen.

Sehenswürdigkeiten

Campingplatz: Der Ferienpark Seehof zieht sich am Seeufer bis nach Hundorf hin.

Der Baum des Oberförsters: An einer in den Schweriner See hineinragenden Stelle bei Hundorf stand einstmals eine riesengroße Pappel, über welche mehrere Sagen erzählt wurden (unter Geschichten und Sagen). Die Landzunge, auf welcher die Pappel stand, heißt heute noch „Kiekut", da man von dieser Stelle einen weiten Blick über den See hat. Der Baum war lange Zeit zum Symbol aller vorbeikommenden Boote geworden. Bei einem starken Orkan im Frühjahr 1956 brach er zum Bedauern vieler Anwohner ab. Der Baum war sehr groß und hatte bei seinem Fall einen Stammdurchmesser von 173 Zentimetern. Unter Anteilnahme von etwa 3000 Personen wurde an dieser Stelle im Jahr darauf eine neue Pappel gepflanzt. Doch diese wurde schon bald durch Kühe abgefressen. Der Kulturverein Sagenland pflanzte deshalb einen neuen Baum, welcher bis heute gut gediehen ist (Abbildung). In der auf dem nahen Campingplatz gelegenen Gaststätte „Zum Ober-

Hundorf: Baum des Oberförsters auf dem Campingplatz (Foto: Wesolek)

förster" kann man sich bei belebenden Getränken in die seltsamen Geschichten vom Oberförster vertiefen.

Geschichten und Sagen

Der Oberförster: Wer mit dem Segelboot oder im Motorboot den Seeuferbereich von Hundorf passiert, den wird es als Fremden verwundert haben, dass die Schiffsbesatzungen an einer vorspringenden Stelle am Ufer in geziemender Haltung „Guten Morgen, Herr Oberförster!" grüßten. Nein, es steht kein Oberförster am Ufer und nimmt den Gruß entgegen. An dieser Stelle stand über Jahrzehnte die oben genannte große, einsame Pappel, die das Gelände bis auf den See hinaus überragte, ihr galt dieser Gruß. Wer das nicht tat, dem sollten nach der Sage die „Unnerirdischen" oder das „Seeungeheuer" Schaden zufügen, erzählte man sich. Darüber, warum der Baum als Baum des Oberförsters bezeichnet wurde, entstanden in der Region in den letzten 150 Jahren mehrere Sagen:

Nach einer Erzählung ging ein Oberförster nachts durch dieses Gelände am Kiekut, als er ein untergehendes Boot bemerkte. Er konnte aus diesem Boot noch mehrere Personen schwimmend retten. Doch er war danach so erschöpft, dass er unter der Pappel, an dieser Stelle, starb und dort auch begraben wurde. So wurde ihm zu Ehren das Salutieren eine öffentliche Angelegenheit.

Eine andere Sage berichtet, dass der Oberförster auf Weisung seines Vorgesetzten alle am Ufer stehenden großen Bäume zum Verkauf roden sollte, was er auch dann tun musste. In seinem Herzen war er aber für den Erhalt des schönen Waldes. Daher war sein Kummer so groß, dass er sich an dem letzten noch stehenden Baum, der großen Pappel, aufgehängt hat.

In einer weiteren, weit verbreiteten Erzählung ist davon die Rede, dass der Oberförster mit der Frau eines Bauern im nahen Ort ein Verhältnis hatte und sich mit ihr an der Pappel traf und sie ihm schließlich ein Kind gebar. Dem ahnungslosen Bauern wurde dieser Vorgang von Nachbarn beim Bier berichtet. Das bekümmerte den Bauern so sehr, dass er sich an der Pappel das Leben nahm, aber vorher noch seiner Frau und dem Oberförster verzieh.

Die Sagen über diesen Oberförster sind alt, sodass wahrscheinlich eine ehrende und anerkannte Hilfsbereitschaft oder gute Taten den Ursprung für Erzählungen über den Oberförster bilden.

Touristische Informationen

Ferienpark Seehof: Der Ferienpark dehnt sich von Seehof bis Hundorf aus.

Restaurant Zum Oberförster: Am Ende des Ferienparks steht diese Gaststätte.

Der Sagenbaum: Auf dem Campingplatz erinnert der Baum an die seltsamen Geschichten vom Oberförster.

10 Lübstorf, selbstständige Gemeinde im Amt Lützow-Lübstorf

Wegbeschreibung

Fast nahtlos gehen die Dorflagen von Seehof und Hundorf in den Ort Lübstorf über. Das Dorf liegt am Nordwestufer des Schweriner Sees, an der Eisenbahnlinie von Schwerin nach Wismar sowie unmittelbar an der Bundesstraße 106. Viele freundliche Einfamilienhäuser im Einzugsbereich zwischen der Hauptstraße und dem Ufer des Schweriner Sees prägen das Dorfbild. Sie verweisen auf eine intensive Bautätigkeit nach 1990. Immer wieder kann der Blick von der Straße auch auf die Weite des Sees schweifen und das wunderbare Panorama bewundern. Zur Gemeinde Lübstorf gehören außerdem die Ortsteile Wiligrad, Neu Lübstorf und Rugensee. Im Jahr 2006 wohnten in der Gemeinde Lübstorf etwa 1565 Einwohner.

Zur Geschichte des Ortes

Der frühere slawische Name des Ortes wird mit „Ort des Luba" übersetzt. 1209 wird der Ort Lübstorf erstmals als kleines Bauerndorf urkundlich erwähnt. Lange gehörte der Ort zum Besitz der Schweriner Bischöfe und diente der Versorgung des Domkapitels in Schwerin. Bis zur Reformation blieb Lübstorf in bischöflicher Verfügung. Danach nahmen die Schweriner Herzöge das Dorf in ihren Besitz. Im Ort sind späterhin drei größere Höfe verzeichnet worden, die nach 1900 erbaut sein müssen und als Gutshöfe bezeichnet wurden. Heute prägen die Agrargenossenschaft, eine große Kurklinik und das gastliche Hotel „Zum Rethberg", benannt nach einer kleinen Insel im Schweriner See, nahe bei Lübstorf, das Ortsbild.

Sehenswürdigkeiten

Kurklinik.

Gaststätte „Zum Rethberg", Hotel und Restaurant; Heimat des Drehorgelorchesters.

Friedhof mit großem Schwert: Erinnerungsstätte für die Gefallenen der Kriege in der Nähe des Bahnhofs.

Kriegsgedenkstätte in Lübstorf (Foto: Wesolek)

11 Wiligrad, Ortsteil der Gemeinde Lübstorf

Wegbeschreibung

Vom Hauptort Lübstorf biegt man in nördlicher Richtung vor dem Bahnhof von der Dorfstraße ab und erreicht auf einer asphaltierten Straße durch einen imponierenden Buchenwald den Ortsteil Wiligrad. Am Wege sind mehrere Hügelgräber zu finden. Besonders im zeitigen Frühjahr zeigen sich Teppiche von blühenden Annemonen in ihrer weißen Pracht und mit lieblichem Geruch. Dann tut sich der Wald auf und die weitläufigen Anlagen um das Schloss Wiligrad werden sichtbar.

Das Schloss Wiligrad von der Ostseite mit dem Braunschweiger Löwen (Foto: Fitzer)

Zur Geschichte des Ortes

Der Hannoversche Architekt Albrecht Haupt erbaute für den Herzog Johann Albrecht II. von Mecklenburg und seine Frau Elisabeth in den Jahren 1896 bis 1898 diese Schlossanlage. In Anlehnung an Bauten im italienischen Renaissancestil entstand nach den Wünschen des Herzogspaares im sogenannten Johann-Albrecht-Stil ein Schloss mit zierlichen Türmen, Erkern und Terrassen. Terrakottafriese und zierliche Schmuckelemente mit Pflanzenmotiven sowie Medaillon-Terrakotten schmücken die Fassaden und Türeingänge. Aus Backsteinziegeln errichtet, soll der Name des Schlosses Wiligrad, den ihm Herzog Johann Albrecht gab, an den einstmaligen Hauptsitz des Fürstengeschlechtes erinnern, welcher bereits in der Slawenzeit, „Wiligrad – Große Burg", beim heutigen Dorf Mecklenburg gelegen, genannt wurde. Bestandteile des Schlossensembles waren das Schloss mit seinem Gästeflügel, die Wirtschaftsräume, ein Maschinenhaus, ein Marstall, eine Automobilgarage, ein sogenanntes Fremdenrosshaus, ein Federviehhaus, eine große Gärtnerei, ein Kavaliershaus und Wohngebäude für Bedienstete, alle im einheitlichen Baustil errichtet. Um das Schloss und seine Nebengebäude gruppierte sich schon bald eine ausgedehnte Parkanlage, die in den Jahren 1896 bis 1903 angelegt wurde. Bis zum Ende des 2. Weltkrieges war Willigrad trotz Aberkennung der Großherzogswürde im Jahr 1918 im Besitz der herzoglichen Familie.

Zum Ende des 2. Weltkrieges trafen sich im Schloss Wiligrad englische und sowjetische Offiziere und beratschlagten über den Verlauf der innerdeutschen Demarkationslinie im Bereich des Schaalsees nach der Kapitulation im Jahr 1945. Nach kurzer englischer Besatzungszeit übergab man den Ort an die Rote Armee. In der Nachkriegszeit wurde das Schloss mitsamt seinen Ländereien verstaatlicht. Im Schloss wurde anfangs ein Typhuslazarett eingerichtet, dann wohnten Flüchtlinge dort.

Zu DDR-Zeiten war Wiligrad bis 1990 eine Aus- und Weiterbildungsstätte der Polizei. Nach der Wende und nach der Auflösung der Polizeischule gründeten Künstler im Schloss im Jahr 1991 den „Kunstverein Wiligrad“ sowie den „Verein der Freunde des Wiligrader Schlosses“. Das restliche Areal des Schlossgebäudes wird vom „Landesamt für Kultur und Denkmalpflege“ des Landes genutzt. Ebenso haben sich in Nebengebäuden die „Gesellschaft für Erlebnispädagogik“ sowie ein gärtnerisch-künstlerscher Verein etabliert. Mit erheblichem Aufwand wurden die einzelnen Bestandteile dieser Schlossanlage, der Nebengebäude und des Parks im ursprünglichen Stil nach und nach wieder restauriert.

Sehenswürdigkeiten

Schloss Wiligrad: Hervorragend passt sich das vom Architekten Haupt im Johann-Albrecht-Stiel errichtete Schloss mit dem markanten Turm an die Umgebung mit dem Steilufer zum See und den eiszeitlichen Geländeformationen an. Im Innern des Schlosses imponiert besonders das mit einer umfangreichen Kassettendecke ausgelegte Eingangsvestibül. Der große Schlossturm war ursprünglich das Wasserreservoir des Schlosses, wobei vom Pumpenhaus am Seeufer das Wasser in den Turm hinaufgepumpt wurde. Terrassen in verschiedenen Etagen des Schlosses gestatten sehr imposante Blicke auf das weit unten liegende Seepanorama. Jahrelange Restaurationsarbeiten im und am Gebäude haben es ermöglicht, dass das Schlossareal nach und nach in alter Schönheit wieder entstehen konnte.

Kunstverein Wiligrad e. V.: Im Eingangsbereich des Schlosses Wiligrad hat der Kunstverein Wiligrad seinen ständigen Ausstellungsbereich erhalten. Der Verein hat es sich zur Aufgabe gemacht, Schloss Wiligrad zu einer Stätte für Kunst und Kultur weiterzuführen. Wechselnde Ausstellungen in den historischen Räumen mit verschiedenen in- und ausländischen Künstlern beleben seit Gründung des Kunstvereins neben Vorträgen, Autorenlesungen, Konzerten und Schlossführungen das kulturelle Angebot. Es besteht die Möglichkeit, Kunstobjekte und passende Literatur zu erwerben. Seit einigen Jahren werden auch standesamtliche Trauungen im Eingangsvestibül unter der grandiosen Eingangskulisse des großen Raums angeboten.

Landesamt für Kultur und Denkmalpflege: Auch die Landesarchäologie des Landesamts für Kultur und Denkmalpflege Mecklenburg-Vorpommern hat seinen Sitz im Schloss Wiligrad. Ein Teil der Sammlungen wird im Kellerbereich des Schlosses aufbewahrt. Mitarbeiter des Amtes sind in allen Landesteilen für die Erfassung, Erhaltung und Ausstellung von Funden und deren Veröffentlichung zuständig.

Verein der Freunde des Wiligrader Schlosses e. V.: Der Verein übernimmt regelmäßig Führungen zur Geschichte und zur aktuellen Lage des Schlossensembles und der Parkanlagen.

Erlebnispädagogisches Zentrum, Erlebnistage Schweriner See: Die Gesellschaft zur Förderung der Erlebnispädagogik (GFE) hat seit 1991 in Wiligrad ein Bildungszentrum etabliert und konnte dafür den ehemaligen Marstall, die frühere Wagenremise und den Federviehstall ausbauen und damit ein kindgerechtes Umfeld schaffen. Das neue Bettenhaus im ehemaligen Marstall ermöglicht es jetzt, größere Kindergruppen zu beherbergen. Ergänzt werden die Beschäftigungsmöglichkeiten der Kinder unter anderem durch einen Hochseilgarten und eine Kletterwand.

Parkanlage um das Schloss:

Die das Schloss umgebende Parkanlage ist im englischen Stil angelegt. Der eigentliche Schlosswaldpark umfasste

209 Hektar und liegt innerhalb eines 1244 Hektar großen Waldgebietes.

Wesentliche Planungen zur Parkgestaltung führte der Garteninspektor des Belvedere bei Weimar, Armin Sckell aus, welchen die Herzogin Elisabeth aus ihrer Heimat Weimar hierherkommen ließ. Die Ausführung der Parkgestaltung vor Ort übernahm der Förster Wilhelm Ahrens, an den heute ein Gedenkstein am Seeufer erinnert. Während anfangs um das Schloss parkartig angelegte Baumgruppen und Areale im englischen Landschaftsstil dominierten, geht heute der Park in Richtung Lübstorf in einen ausgedehnten Buchenwald über. Am sogenannten Friedrich-Franz-Weg, welcher vom Schloss bis zum Bahnhof in Lübstorf führt, stehen Denkmale aus herzoglicher Zeit. Die ersten Arbeiten zur Gestaltung der Parkanlage wurden bereits 1896 begonnen und 1903 abgeschlossen. Dabei hat man unter anderem auch auf der Insel Lieps Kies abgebaut und zur Anlage der Wege im Park verwendet. Sehenswert sind dabei auch Denkmale, wie der sogenannte „Steintanz", welcher einen germanischen Bestattungsritus nachempfinden soll, und den Herzog Albrecht hier anlegen ließ. Nachdem der Park zu DDR-Zeiten lange Jahre nicht gepflegt wurde, sind nach 1990 große Bemühungen unternommen worden, um Elemente des Parks im ursprünglichen Zustand wieder herzustellen und ihn für Spaziergänger vollständig zugänglich zu machen. Am Seeufer und in den Parkbereichen entstanden bzw. entstehen schöne und bequeme Wanderwege mit Sitzmöglichkeiten, mit guten Aussichten auf den Schweriner See, mit neu eingeordneten Kunstwerken und jungen Baum- und Strauchpflanzungen. Am Seeufer mit seiner neu entstandenen Promenade steht auch der Gedenkstein, welcher an den Revierförster Ahrens erinnert, von dem die ausführenden Arbeiten zum Wiligrader Park stammen. Die sogenannte Kaisertreppe führt vom See bis zum Schlossplateau hinauf und erinnert an einen Besuch des Kaisers Wilhelm

II. im Jahr 1903. Der Weg am See führte zur damaligen herzoglichen Dampferanlegestelle, von der aus das Kaiserpaar zum Schloss emporstieg.

Vereinzelte große Bäume aus der Entstehungszeit der Parkanlage um das Schloss, wie der Ginkgobaum, die Sumpfzypressen, der Tulpenbaum sowie riesige Platanen und Nadelbäume, sind wieder besondere Blickfänge für die Besucher. In nördlicher Richtung hinter den Grundstücken bildet der Buchenwald auch vom See her eine imponierende Kulisse auf die erhöhten Uferbereiche. In deren vorderen, nördlichen Teil des Waldes ist ein Friedwald eingerichtet.

In den letzten Jahren wurde der Park nach den historischen Plänen der Anfangszeit weiterhin sorgfältig rekonstruiert. Es wurden störende Bauten entfernt und das Gelände wieder eingeebnet, umfangreiche Neuanpflanzungen vorgenommen und historische Sichtachsen wieder hergestellt. So sind die Elisabeth-Quelle, der Bassewitz-Weg und der Rhododendronhain vervollständigt worden. Wie zu früheren Zeiten steht vor dem Schloss wieder das Denkmal mit dem Braunschweiger Löwen, welches einstmals dem Herzog Albrecht zur Erinnerung an seine Regentschaft in Braunschweig geschenkt wurde.

Springbrunnen: Direkt neben dem Schlossgebäude ist im Park in Richtung Lübstorf ein Springbrunnen zu finden. Dieser eigenartige Granitstein war ursprünglich ein Taufstein, welcher im Jahr 1770 von der Fischerfamilie Prignitz im Döpesee bei Hohen Viecheln aufgefunden wurde. Die ursprüngliche Fünte ist ein aus einem Stück gehauener Granitstein, welcher spätestens um 1200 von der Insel Gotland nach Mecklenburg kam. Die Umrandung am Fußteil zeigt sechs altertümliche Gesichter, welche nach der christlichen Ikonografie den sechsten Tag der Schöpfung darstellen sollen, an dem Gott den Adam geschaffen hat. Späterhin ließ Herzog Albrecht 1898 den alten

Taufstein hier am Schloss als Springbrunnen aufstellen. Die mysteriöse Geschichte seiner Herkunft macht ihn auch heute noch zu einem Anziehungspunkt im Park.

Schloss Wiligrad von der Westseite, mit Taufstein/Springbrunnen (Foto: Fitzer)

Die Elisabethquelle: Am Steilhang zwischen Schloss und Seeufer entspringt seit jeher eine kleine Quelle. Dieser Ort war lange Zeit der Lieblingsort der Herzogin Elisabeth, der ersten Ehefrau des Herzogs Johann Albrecht, an dem sie sich oft aufhielt. Nach ihrem frühen Tod im Jahre 1908 ließ Herzog Albrecht die Quelle im Andenken an seine Gemahlin zu einem steinernen Quellbrunnen fassen und gab ihr den Namen Elisabethquelle. Ihr klares Wasser wird auch heute noch gerne getrunken. Ein gut gestalteter Gehweg führt heute vom Schloss den steilen Uferweg hinab, an der Elisabethquelle vorbei, zum Uferbereich am Schweriner See. Sitzgelegenheiten neben der Quelle laden zum Verweilen ein, um den Blick auf die weite Wasserfläche zu genießen.

Ginkgobaum: Gleich bei der Einfahrt in das Schlossareal steht an der linken Seite vor den ehemaligen Bedienstetenhäusern ein großer Ginkgobaum, welcher sicherlich schon aus der Zeit des Schlossbaus stammt. Dieser ungewöhnliche Baum mit den fast dreieckigen Blättern war damals in Deutschland sehr selten und wurde ursprünglich vom Dichter Johann Wolfgang von Goethe nach Jena gebracht und ist sicherlich mit dem Weimarer Parkgestalter Sckell von dort aus hierher gebracht worden. Wegen der ungewöhnlichen Form der Blätter dieses Baumes werden diese häufig in Schmuckform dargestellt.

Wanderwege: Vom Schloss Wiligrad aus kann man in viele Richtungen Wanderungen unternehmen. Einmal kann man den ausgeschilderten Friedrich-Franz-Weg begehen, welcher unmittelbar am Schloss beginnt und an verschiedenen Denkmälern vorbei bis zum Bahnhof von Lübstorf führt. Direkt am Seeufer, unter dem Schloss entlang, verläuft ein schöner Wanderweg inmitten großer Buchenriesen und in direktem Kontakt zum See, welcher von Lübstorf kommend weiter in Richtung Gallentin führt. Aber auch vom Schloss gelangt man auf einem ebenen, breiten Fußweg nordwärts zuerst durch Buchenwald, dann über Feldflure nach Gallentin.

Hügelgräber: In unmittelbarer Nähe von Schloss Wiligrad wurden fünf Hügelgräbergruppen mit insgesamt 27 Grabanlagen gefunden. Sie liegen beiderseits der Straße, die von Lübstorf zum Schloss Wiligrad führt. Daraus ist zu schließen, dass in der Bronzezeit, von 1800 bis 1600 v. Chr., diese Region am Schweriner See stark besiedelt war. Herzog Johann Albrecht ließ sogar zur Parkgestaltung einige „moderne" Grabhügel aufschütten, welche heute kaum von den alten, realen Grabanlagen zu unterscheiden sind.

Friedwald: Unmittelbar hinter dem Schlossareal ist in nördlicher Richtung im alten Buchenbestand die Begräbnisstätte eines Friedwaldes angelegt.

Geschichten und Sagen

Um die mystische Elisabethquelle am Steilufer neben dem Schloss Wiligrad rankt sich eine Sage, die mit ihrem Wasser in Verbindung steht. So wäre nicht die Herzogin Elisabeth die Namensgeberin der Quelle, sondern ein einfaches Mädchen. So soll einst das wunderschöne Mädchen Elisabeth im Ort Lübstorf gelebt haben, wo es immer fröhlich und singend anzutreffen war. Am liebsten tat sie das, wenn sie unten am See Wäsche wusch. Oben auf der Höhe bei dem heutigen Ort Wiligrad wohnte ein Riese, welcher der Träumer genannt wurde, weil er oft im Gras lag und dem Gesang des Mädchens lauschte. Auf der anderen Seeseite bei Retgendorf aber lebte der Riese Triefnase, dem der Gesang und das Verhalten des Träumers gar nicht gefielen. Und er wurde immer eifersüchtiger. So platschte er mit seinen Riesenfüßen in den See, damit eine hohe Flutwelle Elisabeth in den See zog. Doch der Träumer rettete sie und brachte sie an das Ufer. Darüber erbost, erschlug Triefnase den Träumer, und das Mädchen sollte von jetzt an für ihn singen. Doch dieses war darüber so traurig, dass es immer weinte und weinte und nicht mehr für ihn singen konnte. Aus Wut darüber warf der böse Riese Elisabeth in ein tiefes Loch und rief: „So, nun kannst du heulen, bis dir die Tränen über die Lippen steigen." Und das Mädchen weinte weiter und weiter, bis seine Tränen als Quelle aus dem Steilufer drangen und in den See flossen. Eine Tafel am gegenüberliegenden Ostufer, vor der Rezeption des Internationalen Campingplatzes, erzählt diese schöne alte Sage (s. Teil Retgendorf).

Leute aus Lübstorf erzählen zudem, wenn ein junges, freundliches Mädchen an einem bestimmten Tag im Jahr morgens vor Sonnenaufgang ohne zu sprechen zur Elisabethquelle geht und sich mit dem Wasser das Gesicht wäscht, dann wird es schön wie Elisabeth einst war und wird über 100 Jahre alt.

Es hat aber noch niemand herausgefunden, an welchem Tag das geschehen soll.

Touristische Informationen

Kunstverein Wiligrad: Schloss Wiligrad, Wechselnde Ausstellungen, Führungen.

Schlossverein Wiligrad: Schloss Wiligrad. Führungen in Schloss und Park, zur Geschichte, zu Kunstdenkmälern und zum Stand der Arbeiten. Literaturempfehlung: „Schlosspark Wiligrad, ein dendrologischer Rundgang".

Schlossgärtnerei Wiligrad: Wiligrader Str. 6. Café und Hofladen, Töpferei und Kunsthandwerk, Kräutergarten, Gartenführungen.

12 Gallentin, Ortsteil der Gemeinde Bad Kleinen im Amt Dorf Mecklenburg-Bad Kleinen

Wegbeschreibung

Wir verlassen nun Wiligrad, entweder auf dem Radweg in Richtung Gallentin durch den anliegenden Forst oder indem wir die steilen Treppen vom Schloss zum Seeufer hinabsteigen und dem am Steilufer verlaufenden Wanderweg folgen.

Auf einer Höhe am Weststrand des Schweriner Sees gegenüber der Insel Lieps gelegen, ist Gallentin ein kleiner Wohnort, in dem zumeist Bürger aus Bad Kleinen neue Eigenheime erbaut haben. Der große Strandbereich und Wanderwege zum See hin waren seit jeher sehr beliebt. Gleich hinter Gallentin beginnt nach Westen hin ein großes Waldgebiet, in dem auch Hügelgräber zu finden sind. Zufahrtsstraßen gibt es nach Bad Kleinen sowie nach Zickhusen. Im Bereich Gallentin zweigen die Bahnlinien vom Bahnhof Bad Kleinen kommend, nach Schwerin bzw. Lübeck ab.

Zur Geschichte des Ortes

Der Name Gallentins ist slawischen Ursprungs und bedeutet soviel wie Ast/Zweig. Die kleine Siedlung wurde erstmals 1186 urkundlich erwähnt. Sie gehörte anfangs zum bischöflichen Besitz, den Herzog Heinrich der Löwe an das Schweriner Bistum vergab. Lange Zeit lebten im Ort noch Siedler slawischer Herkunft. Da diese sich besonders gut auf Fischfang verstanden, wurde es ihnen gestattet, neben ihrer Kleinbauernwirtschaft sogar mit einer großen Wade, also mit einem großen Zugnetz, zu fischen. Die Fischer mussten dafür auch den fürstlichen Hof in Schwerin und die fürstliche Vogtei in Dorf Mecklenburg mit Fisch beliefern. Im Streit mit einem Schweriner Fischmeister wurde ihnen aber im Jahr 1570 die Wade weggenommen. Wie es heißt, wanderten die Fischer aus Gallentin aus Gram darüber aus. Die große Zugfischerei aber wurde den Fischern in Hohen Viecheln zugestanden. Später existierte im Ort eine Gutswirtschaft, zu der auch die Insel Lieps gehörte.

Nach der Aufteilung des Gutes im Zuge der Bodenreform nach 1945 begründete man im Ort eine Reihe von Neubauernwirtschaften, die später in eine LPG umgewandelt wurden. Das Gutshaus wurde zu DDR-Zeiten abgerissen. Mit der Intensivierung der Landwirtschaft richtete man auf Initiative des Direktors des Volksgutes Groß Stieten, Erich Tack, in Gallentin in den 1980er Jahren einige besondere Stätten zur Erholung und Arbeit ein. So wurde das „Lager für Erholung und Arbeit" für Jugendliche in einer Wagenburg untergebracht, die aus etwa 100 zur Übernachtung umgebauten, halbkreisförmig aufgestellten Ackerwagen bestand. Eine Jugendherberge entstand am Uferbereich des Sees. Ebenso wurden ein großes Kinderferienlager sowie Versorgungseinrichtungen für alle Lager gebaut. Nach der Wende wurde der Eigenheimbau noch einmal intensiviert, aber viele der genannten Einrichtungen liquidiert.

Sehenswürdigkeiten

Ulis Kinderland: Kinder- und Jugendferienlager.

Wanderwege am See: Der landschaftlich sehr reizvolle Uferweg verbindet die Route von Wiligrad über Gallentin bis nach Bad Kleinen. Die bewaldeten Hangterrassen und weitläufigen Ausblicksmöglichkeiten auf den See, zur Insel Lieps und zur kleinen Insel Rethberg sowie die Bademöglichkeiten erfreuen im Sommer wie im Winter die Besucher. Vor allem im zeitigen Frühjahr sind an den steilen, früh erwärmten Hängen des Seeufers erste Frühblüher zu finden. Im Winter kann bei Eisbildung das Seeufer bizarre Eisformationen zeigen.

Gallentin: Seebereich mit Blick zur Insel Lieps (Foto: Fitzer)

Geschichten und Sagen

Im Ort Gallentin werden oft Geschichten über einen Wassergeist namens Hajo erzählt. Dieser Wassergeist ist den Menschen sehr zugetan und freut sich über badende Kinder, friedliche Angler und Touristenschiffe. Doch er ist nicht mehr so freundlich, sondern unwirsch und manchmal mit Wellen zerstörerisch, wenn Boote rasen und Menschen mit Leichtsinn und Abenteuerlust die Umwelt schädigen. Darum seine Mahnung: Es mögen viele den schönen See genießen, aber nicht zerstören.

Touristische Informationen

Der Sagenstein am Ufer des Schweriner Sees in Gallentin: **Der Wassergeist Hajo.**

13 Die Insel Lieps, zur Gemeinde Bad Kleinen gehörig

Die Insel und ihre Lage

Im nördlichen Teil des Schweriner Außensees liegt eine lang gestreckte Insel, die Insel Lieps, wie sie seit alters her heißt. Die Insel ist etwa 1,5 Kilometer lang und erstreckt sich in nordöstlicher Richtung. An der breitesten Stelle ist sie nur 600 Meter breit. Vom niedrig gelegenen Ufersaum steigt das Innere der Insel zu einem Plateau auf, das den größten Teil der Insel umfasst. Westlich der Lieps liegt die kleine Nebeninsel Horst, die nur durch einen schmalen Wasserkanal von der Hauptinsel getrennt ist. Vor der Südspitze der Insel wurde mit 54 Metern die größte Wassertiefe des Schweriner Sees gemessen.

Die Insel Lieps, von Bad Kleinen aus gesehen (Foto: Falkenberg)

Zur Geschichte

Der Name der Insel Lieps leitet sich von der altslawischen Bezeichnung Lipa, im Deutschen gleich Linde, ab, also eine Insel, auf der die Lindenbäume überwogen. Die Insel entstand nach der letzten Eiszeit aus den abfließenden Eiswällen der Endmoränen. Alte Schriften berichten über Funde von Steinwerkzeugen auf der Insel, welche zumindest zeitweilig auf eine Nutzung in der Steinzeit, aber auch noch in der Slawenzeit, hinweisen. In einer Verleihungsurkunde des Sachsenherzogs Heinrich des Löwen von 1171 wird die Insel in die Verfügung des Bischofs von Schwerin gegeben und sicherlich erfolgte seit dieser Zeit auch eine landwirtschaftliche Nutzung. Erst nach 1700 wird berichtet, dass die Bäume der Insel weitgehend gerodet und später eine Hofstelle mit Viehweide auf dem Plateau des Geländes eingerichtet wurde. Zum Bau von Schloss Wiligrad wurde hier Kies abgebaut und nach Wiligrad verschifft. Lange Zeit betrieb eine Pächterfamilie auf der Insel Ackerbau und unterhielt wegen der begrenzten Möglichkeiten nur einen kleinen Viehbestand. Jedoch wurden die Gebäude des Hofes 1956 durch Blitzschlag vollständig vernichtet. Seither ist die Insel Lieps nur Sommerweide für Rinder und Schafe. Schon nach dem 2. Weltkrieg begann auch die touristische Nutzung der Insel.

Sehenswürdigkeiten

Freizeitgestaltung: Besonders für Segler und Motorbootfahrer ist die Insel ein gern genutzter Anlaufpunkt. So ankert im Sommerhalbjahr regelmäßig eine Vielzahl von Booten im Uferbereich der Insel. Zu besonderen Anlässen, wie zu Pfingsten, zelten auch viele Touristen auf der Insel und bereiten sich mit Lagerfeuern und Festen ein fröhliches Zeltleben. Im südöstlichen Teil der Insel entstanden einige Ferienhäuser. Der Tourismusverein Schweriner Seenland hat es sich zur lobenswerten Aufgabe gemacht, jährlich den Müll auf der Insel zu beseitigen, weil oft keine ordnungsgemäße Entsorgung erfolgt.

Biotop der Insel: Fast alle Uferbereiche der Insel sind von einem bis zu 20 Meter breiten Schilfgürtel umgeben, in dem eine Vielzahl von Vogelarten nisten. Der etwas höher gelegene, von Bäumen gebildete Ufersaum aus Schwarzerlen, Eschen und Silberweiden umfasst ebenfalls die ganze Insel. Der zahlreiche Ulmenbestand der Insel fiel weitgehend einer Pilzkrankheit zum Opfer. Im erhöhten Inselbereich nimmt die Baumbedeckung gegenwärtig mehr und mehr zu. Nur auf dem oberen Plateau wird eine Wiesenfläche durch Beweiden frei gehalten. Die besonders an der Südseite der Insel zu erkennenden größeren Wasserflächen sind durch frühere Kiesausbaggerungen, u.a. für den Aufbau des Schlosses Wiligrad, entstanden. Die normalerweise ruhige Umgebung lockt auch eine Menge Vögel zum Brutgeschäft an. Hauptsächlich sind es Haubentaucher, Höckerschwäne, Blesshühner, Zwergtaucher, Stockenten und Drosselrohrsänger, welche hier auf oder um die Insel brüten. So wurden im Bereich der Insel allein 395 Brutpaare des Haubentauchers gezählt (2010), ein Vorkommen, das zu den größten Beständen in Mitteleuropa gehört.

Touristische Informationen

Das Anlegen und das Betreten der Insel ist nicht verboten. Es sollte aber beachtet werden, dass die gesamte Insel unter Naturschutz steht und deshalb Begehungen und Nutzungen nur entsprechend der gesetzlichen Vorgaben erfolgen dürfen. Es bedeutet auch, dass jeder Besucher seine Abfälle wieder mitnimmt und selbst entsorgt.

14 Bad Kleinen, selbstständige Gemeinde im Amt Dorf Mecklenburg-Bad Kleinen

Wegbeschreibung

Direkt an Gallentin schließt sich der Hauptort der Gemeinde Bad Kleinen an. An der reizvollen, erhöhten Westseite des Schweriner Außensees liegt im mittleren Teil des Sees der Ort Bad Kleinen, ihm schräg gegenüber ist die große Insel Lieps zu sehen. Von der Bundesstraße 106 führt die 1928 erbaute Landstraße 031 direkt nach Bad Kleinen. Diese Landstraße führt in östlicher Richtung weiter nach Hohen Viecheln. Eine weitere Zufahrt ist von dieser Bundesstraße in Zickhusen über Gallentin nach Bad Kleinen möglich. Benutzen wir den Wanderweg Richtung Bad Kleinen, stoßen wir auf ein merkwürdiges Bauwerk. Im Volksmund „Eiertunnel" genannt.

Zur Geschichte des Ortes

Eine Urkunde erwähnt zwar erstmalig den Ort Kleinen im Jahr 1178, doch die Urkunde ist gefälscht, sodass das Jahr rückdatiert angegeben wurde. Bei der Namensentstehung ist man sich aber sicher, dass sich dieser vom slawischen Wortstamm „Kline" ableitet, welcher so viel wie Lage in einem „Winkel, Keil" bedeutet, denn das Seeufer knickt an dieser Stelle mehr in Richtung Nordwesten ab. Nach der Eroberung von 1160 durch ein sächsisch-dänisches Heer übergab der Sachsenherzog Heinrich der Löwe die Region am Westufer des Schweriner Sees dem Bischof von Schwerin als Besitztum, dazu gehörte auch das damalige Dorf Kleinen. Im Mittelalter existierten hier im Dorf nur einige Bauernstellen.

Mit dem Bau der Eisenbahnverbindungen und dem Aufbau der Bahnhofsgebäude sowie der Einrichtung einer großen Kuranlage erhielt das Dorf mehr und mehr Bedeutung. Seit 1915 trägt der Ort aufgrund des damaligen effektiven Kurbetriebes den Namen „Bad Kleinen". Von der ehemaligen Kureinrichtung sind heute nur noch einige „kleinere Gebäude übrig"

Zu DDR-Zeiten nahm die Einwohnerzahl des Ortes durch den Bau vielfältiger Wohnbereiche erheblich zu, welche durch Landwirtschaftsbetriebe, die Reichsbahn, die Mühle und weitere Träger initiiert wurden. Bereits 1953 ist eine neue zehnklassige polytechnische Oberschule im Ort erbaut worden. Nach 1990 wurde der Schulstandort durch eine Realschule erweitert. In Bad Kleinen entstanden in dieser Zeit auch eine Reihe von Eigenheimen und Einkaufszentren neu, doch gleichzeitig gingen in vielen regionalen Bereichen die Arbeitsmöglichkeiten erheblich zurück. So musste die große Mühle ihre Produktion aufgeben. Entsprechend konzentriert man sich heute im Ort vorwiegend auf touristische und Verkaufs-

Ferienanlage an der Ziegenwiese in Bad Kleinen, im Hintergrund das Silo der alten Mühle (Foto: Falkenberg)

unternehmungen sowie auf eine Reihe von Handwerksbetrieben.

Zum zentralen Ort der Gemeinde gehören gegenwärtig zudem die Ortsteile Fichtenhusen, Gallentin, Hoppenrade, Losten, Niendorf, Wendisch Rambow und Glashagen. Insgesamt leben in der Gemeinde Bad Kleinen etwa 3500 Einwohner.

Sehenswürdigkeiten

„Eiertunnel": Mit dem Bau der Wasserheilanstalt war ein direkter Zugang zum Ufer des Schweriner Sees erforderlich, um den Patienten die Heilwirkungen des Wassers nahe zu bringen. Mit großer Mühe und erheblichen Kosten wurde deshalb 1896 eine Unterführung unter den Gleisen zum See hinab gebaut. Wegen ihrer ovalen Form erhielt sie schon sehr bald die Bezeichnung „Eiertunnel". Patienten der Heilanstalt passierten so gemächlich den Eiertunnel und haben unterhalb der Bahnlinie am Seeufer entweder den Badesteg nutzen oder zur nebenstehenden Seebadeanstalt gehen können. Der aus Ziegelsteinen gemauerte Durchgangstunnel ist bei einer Höhe von 2,05 Metern sehr eng, sodass zwei Personen nur mit Mühe aneinander vorbeikommen. Das macht, einschließlich der Geräuschkulisse von darüberfahrenden Zügen, den Reiz der Begehung aus. Dieser Tunnel ist nach wie vor ein beliebter Seezugang zur Promenade, zu den Bootshäusern und zur Gaststätte Bierbug.

Buchenwald: Ein weitgestreckter, hauptsächlich aus Buchen bestehender Wald zieht sich unmittelbar nördlich der westlichen Dorfbebauung einige Kilometer bis zur Bundesstraße 106 und zur Ortschaft Gallentin hin. Als Landschaftsschutzgebiet bietet er den Wanderern eine Vielzahl von Pflanzenbeständen, vor allem mit hochragenden Buchen, aber auch mit einer kleinen Allee, in der Lebensbäume stehen. An einigen

Am Eiertunnel in Bad Kleinen (Foto: Fitzer)

Stellen zeigen größere, moorige Tümpel, dass hier einstmals zur Zeit des Kurbetriebes Moor gewonnen wurde, um Heilbehandlungen mit Moorbädern vornehmen zu können. Im Waldbereich befinden sich auch einige Hügelgräber, welche aber durch fehlende Markierungen kaum auffindbar sind.

Bahnhof: Am größten Platz von Bad Kleinen befindet sich der Zugang zum Bahnhof des Ortes. Eine gewaltige Linde schmückt den Bahnhofsvorplatz. Sie wurde 1863 gepflanzt und galt als Symbol der kommunalen Entwicklung des Ortes. Die aufstrebende Industrie mit neuen Verkehrsverbindungen brachte auch für Bad Kleinen einen regelrechten Aufschwung, da damals weitab von der ehemaligen Dorflage der Bahnhof errichtet wurde. Im Ort wurde ein Kreuzungspunkt angelegt, wodurch sich in diesem Bahnhof die Eisenbahnlinien Schwerin–Wismar (eröffnet 12.7. 1848), Schwerin–Rostock (eröffnet 13.5.1850) und Kleinen–Lübeck–Hamburg (eröffnet 1.7.1870) kreuzten. Schon bald wurde der Bahnhof einer der wichtigsten Bahnknotenpunkte im Land. Im Jahre 1850 hatte man den ersten Abschnitt zum Bahnhofsneubau fertiggestellt. Dieser erhielt in der Zeit zwischen 1868 bis 1870 und 1897 seine damalige bekannte Gestalt. Die intensive Nutzung der Bahnstrecken im Personen- und Güterverkehr, einschließlich einer ständigen Rangiertätigkeit, brachten viel Lebens- und Arbeitsmöglichkeiten für den Ort. Im Jahr 1986 wurde die Bahnstrecke von Schwerin bis Rostock und damit auch der Bahnhofsbereich von Bad Kleinen elektrifiziert. Erinnert sei auch an ein unheilvolles Geschehen, bei dem bei der Festnahme von RAF-Mitgliedern das RAF-Mitglied Jürgen Grams und der Bundespolizist Michael Newrzella im Jahre 1993 auf den Bahnsteigen erschossen worden sind.

In den Jahren nach der Wende wurde der Fahrbetrieb jedoch mehr und mehr eingeschränkt und der Rangierdienst ganz eingestellt. Eine erhebliche Umwandlung erlebte der Bahnhofsbereich in den Jahren 2018/2019. Die alten Bahnhofsgebäude zwischen den Gleisen wurden abgerissen. An ihrer Stelle entstanden zwei neue Bahnsteige. Für die Reisenden sind nun über eine neu errichtete Treppe, mit Fahrstuhlbetrieb, bessere Zugangsmöglichkeiten gegeben. Ebenso wurde der Bahnhofsvorplatz mit Parkmöglichkeiten und einem Kiosk neu gestaltet.

Am Bahnhofsvorplatz in Bad Kleinen (Foto: Fitzer)

Ehemalige Wasserheilanstalt: Im Jahre 1863 begann man, hinter dem Bahnhof eine Wasserheilanstalt zu errichten. Unter dem Kurarzt Dr. Armin Steyerthal gelang es 1895, ein großes Kurhaus einzurichten, welches bald erhöhten Zuspruch an Patienten fand. Zahlreiche Kuranwendungen mit Warm- und Kaltbädern, medizinisch-mechanischen Übungen, Strombehandlungen, Massagen, Sportmaßnahmen und Sonnenbädern dienten unter der Aufsicht erfahrener Ärzte der Gesundung der Patienten. Um dem Andrang an Patienten gerecht zu werden, wurden neben dem eigentlichen Gebäude der Wasserheilanstalt auch zusätzliche Häuser zur Unterbringung und Behandlung der Kranken gebaut. Kurbereiche im gegenüberliegenden Wald und am Schweriner See kamen dazu. Da der direkte Zugang zum See anfangs durch Eisenbahngleise gesperrt war, erbaute man in mühevoller Arbeit unter den Gleisen einen Tunnel als Durchgang zum See, den bereits erwähnten Eiertunnel. Der Erfolg der Heilanstalt war so groß, dass der Großherzog dem Ort Kleinen 1915 den Titel eines Bades zuerkannte. Seitdem hieß der Ort also Bad Kleinen. Doch die Zeiten des ersten Weltkrieges und der nachfolgenden Inflation waren für den Kurbesuch schwierig. Und so musste nach und nach das Kurwesen an dieser Stelle endgültig aufgegeben werden. Zu DDR-Zeiten war das alte Kurhaus lange Zeit Sitz einer Kompanie der Transportpolizei. Heute ist das alte Gebäude der Kuranlage abgerissen.

Badestrand in Bad Kleinen am Ufer des Schweriner Sees (Foto: Falkenberg)

Die alte Getreidemühle: Am Uferweg, nahe an den Bahngleisen, steht heute noch die Anlage einer Mühle mit großem Siloturm für die Getreidevorräte. In der Zeit von 1914 bis 1921 erfolgte der Aufbau der elektrisch betriebenen Mühlenwerke durch die Brüder Jansen. Nach dem 2. Weltkrieg wurden die Mühlenwerke verstaatlicht, produzierten aber weiter. Neben der Mühle wurde 1963 das 38 Meter hoch aufragende Getreidesilo errichtet, das heute noch gut sichtbar ist. Nach der Wende wurde die Mühle reprivatisiert und danach abgewickelt. Seitdem stehen die Mühlengebäude als Beispiel der frühen Industriekultur unter Denkmalsschutz. Neuere Pläne sehen vor, das Gelände der Mühle architektonisch so umzugestalten, dass unter anderem Wohnbereiche im Zusammenhang mit dem Siloturm geschaffen werden.

Am Seeufer in Bad Kleinen (Foto: Schumann)

Frege-Haus: In der Waldstraße ist das Frege-Haus zu sehen. Hier wohnte in seinen letzten Lebensjahren bis zu seinem Tode der berühmte Mathematiker Gottlob Frege (1848-1925).

Er war es, der mit seiner mathematischen Logik die Grundlagen für unser heutiges Computerwesen geschaffen hat. Eine Linde vor dem Haus soll Frege mit ihren Verzweigungen besonders zu seinen Berechnungen inspiriert haben. Heute steht an dieser Stelle als Symbol ein neuer Baum, da der alte Baum morsch wurde. Bewundernswert ist, dass Frege von seinem Dienstort Jena nach Bad Kleinen zu Fuß gewandert ist. Ihm zu Ehren werden jährlich die Frege-Wanderungen zwischen Bad Kleinen und Wismar veranstaltet. In Wismar wird er zudem

Sagenstein am Eiertunnel (Foto: Fitzer)

durch eine Skulptur vor der Marienkirche und durch eine Namensgebung für eine Straße geehrt.

Geschichten und Sagen

In der Region Bad Kleinen existieren nur wenige Sagen. So wird über einen im Schweriner See beheimateten Wassergeist berichtet, der den Menschen zugetan ist, wenn sie die Natur achten und sauber halten. Er konnte aber auch böse werden, wenn die Leute leichtsinnig und zerstörerisch mit dem See und seiner Uferregion umgingen (s. a. Gallentin).

Über den Eiertunnel erzählt man sich, dass einst kurz nach der Eröffnung des Tunnels ein Mädchen durch die rollenden Eisenbahnräder so erschreckt wurde, dass es sich angstvoll an einen zufällig vorbeikommenden jungen Mann klammerte und dass aus ihnen später ein Ehepaar wurde. Seitdem geht die Sage, dass Begegnungen dieser Art unter dem Krach der Bahnräder im Eiertunnel zu glücklichen Ehen führen.

Zudem hausen in den Nischen und Ritzen des Eiertunnels die sogenannten Echomännchen, die sich besonders bei der Überfahrt von Zügen lautstark melden.

Touristische Informationen

Fremdenverkehrsverein/Heimatverein Bad Kleinen e.V.:
Gallentiner Chaussee 2

Tourismusverein Schweriner Seenland e. V.:
Gallentiner Chaussee 2: Informationen, Ausleihe von Fahrrädern, Verkauf von Tourismusmaterial, Vermittlung von Übernachtungen ...

Restaurant Seeblick: Uferweg 24A.

Panorama-Hotel: Uferweg 25A.

Bierbug: Gaststätte im Anglerheim am Schweriner See, mit Zugang durch den Eiertunnel.

Schankstübchen: Hauptstr. 46A.

Sportlerheim: Waldstraße 56. Restaurant und Kegelbahn.

DLRG in Bad Kleinen: An der Ziegenwiese. Die Deutsche Lebensrettungsgesellschaft hat in Bad Kleinen am Ufer des Schweriner Sees ihren zentralen Sitz für das gesamte Land MV auf der sogenannten Ziegenwiese. Neben Sicherheitsaufgaben im Seebereich (DLRG-Wache) und dem Betrieb einer kleinen Marina obliegt ihr auch die Schwimmausbildung von Schülern.

Marina Bad Kleinen: An der Ziegenwiese. Wasserwanderrastplatz, Kanuanlegestelle.

Der Sagenstein vor dem Eiertunnel: **Über den Eiertunnel.**

15 Ende der Wanderung, Hohen Viecheln

Wegbeschreibung

Von Bad Kleinen kommend, erreichen wir Hohen Viecheln entweder motorisiert über die L031 oder wir wandern auf dem Weg am Ufer des Schweriner Außensees entlang. Dabei tangieren wir noch interessante Objekte des Ortes, wie die Schwedenschanze, den Wallensteingraben und das Ausgrabungsgelände aus der mittleren Steinzeit.

Sehenswürdigkeiten

Schwedenschanze: Dem Rad- und Wanderweg von Bad Kleinen folgend, erreicht man unmittelbar am Weg die zur Gemeinde Hohen Viecheln gehörige Schwedenschanze. Es ist eine um 1646 erbaute sechsstrahlige Erdbastion, auf der herzogliche Soldaten den Warenverkehr zwischen Wismar und Schwerin überwachen sollten. Vom Gelände der Feste hat man einen schönen Blick auf den Schweriner See. Wie die Schwedenschanze zu ihrem Namen kam, ist nicht genau bekannt. Ein Sagenstein und eine Sagentafel verweist auf die mögliche Entstehung des Namens Schwedenschanze.

Wallensteingraben: In Fortsetzung des beschriebenen Radweges erreicht man kurz hinter der Schwedenschanze die kleine Fußgängerbrücke über den sogenannten Wallensteingraben. Dieser Wasserlauf wurde in der Zeit nach 1577 als künstliche Wasserstraße ausgebaut, um einmal die Schifffahrt zwischen dem Schweriner See und der Ostsee bei Wismar zu ermöglichen. Der damals bedeutende Geograf, Kartograf, Astronom und Mathematiker Tilemann Stella wurde dazu vom Herzog Johann Albrecht beauftragt, die Planungen für das neue Kanalprojekt aufzunehmen, was dieser auch ausführte. Aus finanziellen Gründen vermochte man es aber nicht, diese Wasserstraße langfristig zu vollenden und zu erhalten. Anfangs nannte man den Wasserweg „Viechelsche Fahrt". Auch der Feldherr Wallenstein besichtigte während seiner Herrschaft in Mecklenburg den Kanal und wollte dessen Funktion wiederherstellen lassen, was aber auch ihm nicht gelang, da er nur kurz in Mecklenburg herrschte (1629-1632). Doch erhielt der Kanal im Volksmund ab etwa 1876 den Namen „Wallensteingraben", wie er heute noch offiziell heißt. Unmittelbar links zwischen der Fußgängerbrücke über den Kanal und dem heutigen Eisenbahnviadukt bestand bis etwa zum Jahr 2000 der sogenannte „Aalfang", eine alte Fischfanganlage, welche bereits 1654 erstmals erwähnt wurde. Doch um das Jahr 2000 musste das Gebäude wegen Baufälligkeit abgerissen werden. So fließt heute der Wallensteingraben durch das Eisenbahnviadukt in Richtung Wismar ab. Das gesamte Gebiet des Wallensteingrabens mit dem Wasserweg und den umliegenden Wäldern und Feldarealen ist zudem als Landschaftsschutzgebiet ausgewiesen.

Funde aus der mittleren Steinzeit: Direkt am Wallensteingraben, neben der heutigen Fußgängerbrücke, fanden Schüler im Jahr 1952 einige Knochenharpunen, bei denen es sich herausstellte, dass sie nach den archäologischen Ausgrabungen unter Professor Schuldt zu einer höchst seltenen Siedlung von Menschen aus der mittleren Steinzeit (8000-6000 Jahre v. Chr.) gehörten. Dieser Wohnbereich der Jäger und Sammler erbrachte eine Vielzahl von Funden, angefangen von Harpunen, Feuersteinklingen und Steinbeilen, Werkzeugen aus Tierknochen sowie einer berühmten Maske aus dem Schädel eines Rothirsches. Die zahlreichen Gegenstände aus diesen Grabungen sind heute im archäologischen Landesmuseum Wiligrad deponiert. Erläuterungstafeln erinnern an dieser Stelle an dieses historische Vorkommen.

Uferweg: Der Uferweg bildet heute den Fußgänger- und Radweg am Ufer des Schweriner Sees. Von der Brücke am

Wallensteingraben herkommend, führt der als Uferweg bezeichnete Weg entlang der großen Badestelle mit Grünanlagen am See, mit schönem Ausblick auf den See, zum Gelände des Segelvereins, des Anglerstützpunktes und entlang der Bootshäuser bis zur Fischerei Prignitz und der daneben befindlichen Dampferanlegestelle. Am Anglersteg und am Seglerheim stehen große Schnitzfiguren, die das Angeln und Segeln symbolisieren und vom Bildgestalter Pissowotzki geschaffen worden sind. Der Fuß- und Radweg führt vor der Fischerei links weiter aufwärts zur Dorfmitte. An ihn schließt sich der früher als Stadtweg benannte, heutige weiterführende Rad- und Wanderweg bis Wismar an.

Hohen Viecheln am Seglerheim. Im Vordergrund die Skulptur eines alten Fischers/Anglers (Foto: Falkenberg)

Die alte Furt über den Wallensteingraben: An der Westseite des Dorfes erinnert neben der heutigen Straßenbrücke über den Wallensteingraben eine nebenliegende, alte Furt über diesen Wasserlauf an deren langjährige Nutzung. Seit dem

Bau des Wallensteingrabens, etwa seit 1590, war der vorher hier bestehende Landweg unterbrochen und so legte man eine Furt zur Überquerung des Wasserlaufs an. Nach alten Chroniken war die Furt noch lange eine wichtige Übergangsstelle für Handelsleute und Militärs. So wird unter anderem berichtet, dass die Wallensteinschen Truppen mit über 100 000 Mann oder der schwedische General Steenbock mit 14 000 Mann diese Furt nutzen mussten, um ihre Zielgebiete zu erreichen. Erst durch den Bau der neuen Straßenbrücke im Jahr 1906 entfiel diese wichtige Passage.

Anglerhütte am Uferweg in Hohen Viecheln mit der Skulptur eines Anglers und der Darstellung von Rekordfängen von Hechten am Giebelteil (Foto: Falkenberg)

Zum Abschluss der Rundreise/des Rundganges.

Nun sind wir am Ende unseres historischen und landschaftlichen Rundganges oder der Rundreise angekommen. Es konnten vielfältige, historisch belegte und gefundene Geschichten und Sagen aus der Region und die Landschaft mit ihren Orten und Eigenarten um den Schweriner Außensee vorgestellt werden. Mögen diese Erläuterungen den Lesern Anreiz sein, um weiterhin die Landschaft und das Leben ihrer Bewohner zu erkunden. Und möge den Nutzern der alte „Schwerinibär", der große Außensee, hilfreich zur Seite stehen.

Die alljährlichen Kranichzüge über dem Schweriner See sind für alle Besucher eine Augenweide (Foto: Falkenberg)

Kurze Zeitgeschichte der Schweriner Seenregion

Nachdem in den vorhergehenden Ausführungen die besuchten Ortschaften und Landschaften vorgestellt worden sind, sollen in Ergänzung der bisherigen Ausführungen noch einige Aspekte zur Entstehung der Landschaft um den Schweriner See sowie zur Siedlungsgeschichte in diesem Gebiet erläutert werden.

Der äußerst reizvoll gelegene Schweriner See prägt das Landschaftsbild der ganzen Region. Wer vom Ufer die weite Fläche des Sees betrachtet, an seinen Ufern wandert und seine Schönheit bewundert, kommt auch an den malerisch gelegenen Uferzonen mit den teilweise schilfbedeckten Seerändern nicht vorbei, in denen vielfältige Vogelarten zumindest im Frühsommer vielstimmige Konzerte geben und ihre Jungen großziehen. Aber auch die sich um den See erstreckenden sanften Ebenen, Hügellandschaften und vereinzelt steilen Uferränder, verbunden mit großen Feldflächen und Waldbeständen, stimmen die Besucher bei Sonnenschein auf das Landschaftsparadies Schweriner Außensee ein. Und immer wieder sind es Natur- und Landschaftsschutzgebiete sowie nahe gelegene Randseen, welche das Interesse der Naturliebhaber erwecken.

Die Eiszeit und ihre Folgen

Das Eiszeitalter schuf den Rohbau unseres heutigen Landschaftsbildes. Im Ergebnis dieser von Skandinavien ausgehenden Eisvorstöße finden sich einzelne Grenzen der Gletscherausbreitung mit Rückständen der mitgebrachten Sedimente nach dem Abschmelzen noch heute in der Natur. So erreichte die Eisrandlage des sogenannten Frankfurter Stadiums in unserer Region das Südende des heutigen Schweriner Sees und hinterließ hier Endmoränen, Sander sowie im Bereich des Schweriner Sees sogenannte Toteisbereiche. Dabei wurden teilweise gewaltige Eisblöcke regelrecht in den Untergrund eingepresst und schmolzen erst später ab, als die oberflächennahen Gletscherbereiche bereits abgetaut waren.

Vor etwa 14 000 Jahren drangen bei stark absinkenden Temperaturen letztmalig riesige Gletscher von Skandinavien bis in unsere Region vor, ein Vorstoß, der geologisch als pommersches Stadium der Weichselvereisung bezeichnet wird. Die Südspitzen dieser gewaltigen Eisbarriere erreichten diesmal nur noch den Raum zwischen der Wismarbucht und dem Nordende des heutigen Schweriner Seeufers. Dann in der Zeit um 9600 v. Chr. setzte eine neue Warmzeit ein, welche heute als die Nacheiszeit des Holozäns bezeichnet wird. Sie hält mit höheren Temperaturen und zeitlich begrenzten Temperaturschwankungen auch heute noch an und prägt damit unser Klima.

Beim Rückzug der Gletscher blieben Gerölle, Steine und Sande in unterschiedlicher Zusammensetzung zurück. Die großen Schmelzwassermengen flossen unter den Gletschern hervor vor allem nach Süden ab und verfrachteten in unterschiedlichen Mengen die vom Gletschereis zurückgelassenen Sedimente. Aus den schmelzenden Eisresten und ihren Vertiefungen im Boden entstanden so nach und nach Teile des Schweriner Sees mit seinen durch unterschiedliche Tiefenlagen und Schmelzzeitpunkte variierenden Tiefenbereichen und kleinere Nebenseen, wie der nördlich gelegene Döpesee.

Auch in dieser Warmzeit des Holozäns gab es wiederum teilweise erhebliche Klimaschwankungen. So ist belegt, dass die Zeit um 1650 wegen ihrer stark abgesunkenen Temperaturen als „kleine Eiszeit" gilt. Wie lange die gegenwärtige Warmzeit und die damit günstigeren oder verminderten Lebensumstände für Menschen und Tiere anhalten werden und sich entwickeln, ist nach dem gegenwärtigen Kenntnisstand nicht absehbar.

Die Entwicklung von Fauna und Flora

Die Landschaft um den Schweriner Außensee ist noch heute weitgehend naturnah erhalten und wird von Einwohnern und Touristen gerne als Erholungslandschaft genutzt. Vor allem die Seefläche des Außensees besitzt einen besonderen Anreiz für Menschen und viele Tierarten.

Nach dem Rückgang des Eises kam es zur langsamen Wiederansiedlung von Pflanzen und Tieren. Um den Schweriner See haben sich heute vor allem Laubmischwälder mit großen Buchenbeständen, aber auch auf mageren Böden Kiefernwälder erhalten. Zahlreiche Straucharten und Blütenpflanzen sind verbreitet. Moore in unterschiedlicher Intensität und Wiesengelände vervollständigen die Landschaft um den See.

Ebenso eng mit der Entwicklung nach der Eiszeit hat sich die Tierwelt entwickelt. Wurden aus der Frühzeit um 8000 bis 6000 v. Chr. bei den Ausgrabungen am Nordende des Sees Skelettteile von Rothirsch, Reh, Elch, Bär, Wildschwein, Ur und Wolf gefunden, so ist der Artenreichtum inzwischen erheblich geschrumpft. Aber noch heute sind Rehe und Wildschweine zahlreich und Rothirsche gelegentlich anzutreffen. Umfangreich sind auch heute noch die Vogelbestände, welche als Brut- und Rastvögel die Region bevölkern.

Aus diesem Grunde ist der See seit dem Jahr 2008 auch in ein Projekt einbezogen worden, welches sich „Fauna-Flora-Habitat (FFH) für den Schweriner Außensee und angrenzende Wälder und Moore" nennt. Es ist ein Projekt, das im Rahmen der Europäischen Union koordiniert wird und darauf ausgerichtet ist, der Landschaft angepasste Lebensbedingungen für Tiere und Pflanzen zu schaffen und zu erhalten.

Der Schutzzweck für dieses Europäische Vogelschutzgebiet ist vor allem in der Erhaltung und Verbesserung der Lebensbedingungen für Brut- und Rastvögel zu sehen, welche um den See in hohen Beständen vorkommen. Das trifft beispielsweise auf Seeadler, Haubentaucher, Weißstorch, Kranich, Schwarz- und Mittelspecht, Neuntöter und Grasmücke zu. In den letzten Jahren hat sich die Anzahl der Kranichbrutpaare deutlich vermehrt. Das Vorkommen an Haubentauchern im Schweriner See mit über 1700 Brutpaaren – sechs bis acht Prozent des Brutbestandes von Deutschland – ist inzwischen von großer europäischer Bedeutung. Außerdem ist der See noch Durchzugsgebiet für weitere Haubentaucher im Winterhalbjahr. Bei den Rastvögeln sind es vor allem Graugänse, Schwäne und zahlreiche Entenarten, die in großen Scharen, auch regelmäßig im Winterhalbjahr, in der Region um den Schweriner See zu finden sind.

Von der ersten Besiedlung bis zur Gegenwart

Die ersten menschlichen Besiedlungen am Schweriner See (Mesolithikum)

Archäologen fanden eindeutige Hinweise darauf, dass um den Schweriner See schon sehr frühzeitig Menschen kurz nach dem Ende der Eiszeit ansässig waren. Bekannteste Fundstätte wurde eine Region bei Hohen Viecheln, am sogenannten Wallensteingraben. Hier grub der bekannte Archäologieprofessor Ewald Schuldt aus Schwerin mit seiner Mannschaft in den Jahren 1953/54 eine Siedlung aus der mittleren Steinzeit, dem sogenannten Mesolithikum (8. bis 6. Jahrtausend vor unserer Zeitrechnung) aus. Annähernd 20 000 Funde aus zweitausend Jahren Siedlungsgeschichte belegen, dass immer wieder Sammler und Jäger der Steinzeit in diesem Bereich das Seeufer aufsuchten, um hier zu jagen, zu fischen, zu sammeln, Geräte herzustellen und zu wohnen. Als besonders sensationell wurde der Fund einer Schamanenmaske aus einem Hirschschädel bewertet. Schnitzereien und Ritzzeichnungen auf Knochen zeigen zudem, dass sich auch die damaligen Menschen für mehr als für die tägliche Nahrungsbereitung interessierten.

Die Ackerbauern und Viehzüchter der jüngeren Steinzeit (Neolithikum)

Seit Anfang des 5. Jahrtausends v. Chr. sind auch im Gebiet um den Schweriner See Ackerbauern und Viehzüchter sesshaft geworden. Sie errichteten kleine Dörfer oder Einzelgehöfte, wobei die Wohnhütten aus Holz mit Flechtwänden bestanden, die mit Lehm und Moos abgedichtet und mit Schilf gedeckt waren. Feuerherde aus Feldsteinen boten Kochmöglichkeiten. Die meist eingewanderten Siedler brachten Kenntnisse über die Nutzung von Saatgut und die Haltung von Tieren mit in das Gebiet. Mit Waldrodung haben die Menschen Ackerstücke für die Aussaat gewonnen, wobei die Erträge noch sehr gering waren. Durch die Bauernwirtschaften an einem festen Standort wurde auch die Haltung von Rindern, Schweinen sowie von Schafen und Ziegen als Haustiere möglich. Die Kenntnisse über die Bearbeitung von Gegenständen und Geräten entwickelten sich nach und nach wie auch Erfahrungen bei der Anfertigung von Tongefäßen. Nach den Schnurabdrücken auf den Tongefäßen nannte man diese Siedler Schnurkeramiker. Sie wurden auch in unseren Raum sesshaft, betrieben neben dem Ackerbau hauptsächlich Viehzucht und wurden durch ihre Keramik bekannt. Einzelfunde und Siedlungsreste um den Schweriner See belegen die vielfältigen Siedlungsspuren der damaligen Zeit. Steinzeitliche Hinterlassenschaften waren unter anderem Großsteingräber, die aber in späterer Zeit häufig dem zunehmenden Straßenbau zum Opfer fielen.

Die Bevölkerung der Bronzezeit

Um das zweite Jahrtausend v. Chr. herum brachten Händler die ersten aus Metall gefertigten Werkzeuge in den mecklenburgischen Raum. Die Bauern vergrößerten in dieser Zeit ihre Anbauflächen für Getreide und andere Pflanzenarten. Aus kleinen Ansiedlungen entstanden größere Dörfer. Grund und Boden sowie die Viehherden waren Eigentum von Sippen. Der Handel wurde intensiviert, um so auch das Grundmaterial für die Metallherstellung in diesen Raum zu holen. Während das weiche Kupfer nur für wenige Werkzeuge geeignet war, ist durch die Mischung von Kupfer und Zinn die Bronze als ein besser brauchbarer Werkstoff entstanden. Vielfältige Funde künden von der starken Verbreitung von Bronzegegenständen, so unter anderem auch Schwerter und Schmuckstücke. Im gleichen Zeitraum entwickelte sich die Sitte, Tote in sogenannten Hügelgräbern beizusetzen, welche heute noch unweit des Schweriner Außensees zu finden sind. Zu ihnen gehören auch die Kegelgräber bei Wiligrad, Gallentin und Retgendorf.

Die Lebensweise in der Eisenzeit

In den Jahren um 600 vor unserer Zeitrechnung begannen die Menschen, aus dem in den Böden gefundenen Raseneisenstein selbst Eisen zu schmelzen.

Im 1. Jahrhundert vor unserer Zeitrechnung wurden auch die in Mecklenburg wohnenden Stämme als Germanen bezeichnet. Zu ihnen gehörten die Langobarden, Sachsen und Goten, welche auch zeitweilig um den Schweriner See herum siedelten. Stammesverbindungen und Nahrungsmangel führten aber dazu, dass im Zuge der Völkerwanderung auch die ehemals in den Mecklenburger Gebieten ansässigen Stämme gegen Süden abzogen. Im 5. Jahrhundert wohnten nur noch Reste der ehemals starken germanischen Bevölkerung in Mecklenburg. Der überwiegende Teil des Landes war menschenleer.

Großflächige slawische Besiedlungen in Mecklenburg

Ab dem 6. Jahrhundert unserer Zeitrechnung besiedelten slawische Stämme, von Osten her kommend, das weitgehend leere Mecklenburger Land. Um den Schweriner See wurden vielfältige Siedlungsfunde von slawischer Herkunft gefunden. Das Gebiet um den Schweriner See bis zur Ostsee wurde zum Kernland des slawischen Stammes der Obotriten mit der Mecklenburg (slawisch: Wiligrad, was große Burg bedeutet), als ihrer Hauptburg. Überall im Land entstanden kleine Dörfer, die zu festgelegten, von Adligen regierten Burgbezirken gehörten. Von einigen dieser Ortschaften um den Schweriner See sind die slawischen Namen bis heute gebräuchlich, so unter anderem: Vicheln: Gestrüpp- oder Buschdorf; Flessenow: Feuchter Ort; Kleinen: Cline-Winkel; (Insel) Lieps: Lindenort; Gallentin: Ast oder Zweig; Lübstorf: Ort des Leba; Lyzcowe (früherer Name von Hundorf): Ort des Lizek. Auch zahlreiche Flurnamen gehen noch heute auf slawische Benennungen zurück.

Über 600 Jahre lang wohnten slawische Völker um den Schweriner See, erweiterten dabei ihre Ackerflächen und ihre Tierhaltungsmöglichkeiten und entwickelten ihre handwerklichen Fähigkeiten. Über Jahrhunderte waren aber auch Konflikte zwischen den in der Region Mecklenburg wohnenden Slawen und den deutschstämmigen Sachsen sowie anderen Slawengruppen an der Tagesordnung. Doch überwiegend konnte der Stamm der Obotriten lange seine Selbstständigkeit behaupten.

Im 12. Jahrhundert, als der Herzog Heinrich der Löwe das Sachsenland regierte, hatten sich die Spannungen zwischen christlich geprägten Sachsen und den heidnischen Obotriten besonders stark erhöht. Heinrich der Löwe forcierte die Lage noch mehr, da er hier in Mecklenburg seinen zukünftigen Einflussbereich und sein Einkommen zu erhöhen hoffte. Schließlich kam es 1147 zu einem als „Kreuzzug zur Christianisierung der Slawen" deklarierten Feldzug, bei dem die Burg Dobin am Schweriner See von einem Kreuzfahrerheer aus Deutschen und Dänen belagert wurde. Doch die Kreuzfahrer erreichten ihr Ziel, die Eroberung der Feste Dobin und die vollständige Christianisierung der Bevölkerung, nicht und mussten wieder abziehen.

Erst im Jahr 1160 gelang es dem Sachsenherzog mit einem starken Heer und mit Hilfe der Dänen das Slawenland endgültig zu erobern und damit auch den Beginn der Christianisierung der Slawen durchzusetzen. Trotz Widerstand der slawischen Kräfte unterlagen diese den militärisch überlegenen

Deutschen und Dänen. Der letzte Obotritenkönig Niklot wurde in einem Gefecht getötet.

Deutsche Siedlungen im Raum des Schweriner Sees nach 1160

Nach der Eroberung des Slawenlandes regierten Vasallen des Sachsenherzogs Heinrich des Löwen, wie Gunzelin von Hagen in Schwerin und im Silesenland, das Land Mecklenburg seit 1160. Mit der Einsetzung des getauften Niklotsohnes Pribislav als Fürst in Mecklenburg (Regierung von 1167 bis 1178), begann die Periode der systematischen, deutsch geprägten Besiedlung Mecklenburgs. Neben Pribislav erhielten weitere Vasallen des Sachsenherzogs Heinrich Teile von Mecklenburg als Lehen, so der Graf Gunzelin von Hagen, der das Ostufer des Schweriner Sees (Silesen) erhielt und der Bischof Berno und das Domkapitular, welche die Ländereien am Westufer des Schweriner Sees nutzen konnten. Siedler aus dem Sachsenland, aus Holstein, aus dem Flamenland sowie aus anderen Landesbereichen suchten um den Schweriner See Land zu erwerben, meist geführt von sogenannten Lokatoren. Und so konnte der Chronist Helmold von Bosau bereits im Jahr 1209 mitteilen: „Und so strömten viele Ansiedler in das Land der Obotriten, das geräumig, fruchtbar an Getreide, reich an vorteilhaften Weiden und mit Fisch, Fleisch und allem Guten im Überflusse versehen war." Schon bald ließen sich die neuen Anwohner meist unter Anleitung von Lokatoren (örtliche Führungskräfte) hier nieder. In der Folgezeit entwickelten sich hauptsächlich Wirtschaftsformen, in denen die Gutsherrschaften besonders dominierten.

Die Gutsabhängigkeit und Leibeigenschaft in Mecklenburg wurde zwar um 1820 aufgehoben, aber ökonomisch waren die Menschen auf dem Lande weiterhin vorwiegend von den Landbesitzern abhängig. Erst nach 1945 entstanden durch die

Bodenreform auf dem Lande andere Besitzverhältnisse, deren Auswirkungen um den Schweriner See bis heute spürbar sind.

Eine neue Periode des Umbaus der Wirtschaftsverhältnisse und der kulturellen Entwicklung begann nach der Wiedervereinigung der beiden deutschen Staaten.

Literaturverzeichnis

Bennöhr, E. Geschichte des Dorfes Hohen Viecheln, 1961

Borchardt, E. u. J.: Sagenhafte Orte um den Schweriner See, 3. erw. Auflage. Edition digital, Schwerin 2011

Ettel, P.: Historische und archäologische Überlieferung zur slawischen Fürstenburg von Dobin in Mecklenburg. In: Int. Archäologie, Bd.17, 2002, S. 53- 64

Falkenberg, H. u. a. :825 Jahre Hohen Viecheln. Verlag Koch u. Raum, Wismar 2003

Falkenberg, H., Heske, D.: 700 Jahre gotische Hallenkirche Hohen Viecheln, 1310-2010. Würzburg 2010

Falkenberg, H.: 300 Jahre-Geschichte der Fischerfamilie Prignitz aus Hohen Viecheln. Callidus Verlag, Wismar 2015

Falkenberg, H.: Zur Geschichte des letzten Obotritenfürsten Niklot, seiner Söhne und der alten Slawenburg Dobin. Edition digital, Pinnow 2017

Geinitz, E.: Geologischer Führer durch Mecklenburg. Verlag Borntraeger, Berlin 1899

Helmold von Bosau: Chronik der Slawen, von 1209. Paidon Verlag, Kettwig 1990

Holzmüller, G.: Die 50 spannendsten und interessantesten Sagen in und vor allem um Schwerin. Edition digital, Pinnow 2020

Keiling,H.: Dobin und die Taufe der 1000 Slawen. Mecklenburg-Magazin, 1995

Kirsch, G., Ende, H.: Tourist-Wanderheft Schwerin und Umgebung, Tourist Verlag, Berlin/Leipzig 1979

Lisch, F.: Die Burg Dobin und die Döpe bei Hohen Viecheln. Jahrb. Verein f. Mecklenb. Geschichte u. Alterthumskunde, 1840, S. 121-135

Nitsche, K. u. Meyer-Scharffenberg, F.: Schwerin und seine sieben Seen. Petermänken Verlag, Schwerin 1960

Schlie,F.: Kunst- und Geschichtsdenkmäler Mecklenburgs, Bd. II, 1898 und Bd. V, 1901, Bärensprungsche Hofbuchdruckerei, Schwerin

Schuldt, E.: Mecklenburg – urgeschichtlich. Petermänken Verlag, Schwerin 1954

Schuldt, E.: Ein mittelsteinzeitlicher Siedlungsplatz bei Hohen Viecheln, Kreis Wismar. Jahrb. f. Bodendenkmalspflege in M-V. 1953, S. 9-25

Stieler, H.: NSG Döpe. Broschüre, Nordland Verlag, Schwerin 2002

Stieler, H., Saegebarth, J.: Neumanns Landschaftsführer: Schwerin – Wismar. Neumann Verlag, Radebeul 1995

Stuhr, F: Der Elbe-Ostsee-Kanal zwischen Dömitz und Wismar. Jahrb. Verein f. Mecklenb. Geschichte u. Alterthumskunde, 1898, S. 193-261

Danksagung

Bei der Stiftung für Ehrenamt und bürgerschaftliches Engagement in Mecklenburg-Vorpommern und dem Kulturverein Sagenland Mecklenburg-Vorpommern e. V. bedanken sich die Autoren ganz herzlich für die ideelle und finanzielle Unterstützung des Projektes.

gefördert durch
Stiftung für Ehrenamt und bürgerschaftliches Engagement in Mecklenburg-Vorpommern

Kulturverein Sagenland Mecklenburg-Vorpommern

Dr. agr. habil. Heinz Falkenberg

wohnhaft in Hohen Viecheln, wo er als Ortschronist eine Reihe historischer, regionaler Themen, so u. a. Sagengeschichten, bearbeitet hat.

Von ihm sind neben Veröffentlichungen in Zeitungen folgende Buchbeiträge erschienen:

- Sagenhafte Orte um den Schweriner See, Beiträge, 2007
- Hohen Viecheln, 825 Jahre jung, Gemeinschaftsbeiträge, 2003
- 700 Jahre Hallenkirche Hohen Viecheln, 2010
- 300 Jahre Geschichte der Fischerfamilie Prignitz, 2015
- Zur Geschichte des letzten Obotritenfürsten Niklot, seiner Söhne und der alten Slawenburg Dobin, 2017

Gottfried Holzmüller

Diplom-Volkswirt, wohnhaft in Schwerin, langjähriger Vorsitzender des Kulturvereins „Sagenland M.-V.", Mitinitiator der sagengestützten Rad- und Wanderwege „Niklot-Pfad" und „Räuber-Röpke-Pfad".

- Mitorganisator der Wanderausstellung „Sagenhafte Orte in und um Schwerin"
- Autor des Buches „50 der spannendsten und interessantesten Sagen in und um Schwerin", 2020.

Inhaltsverzeichnis